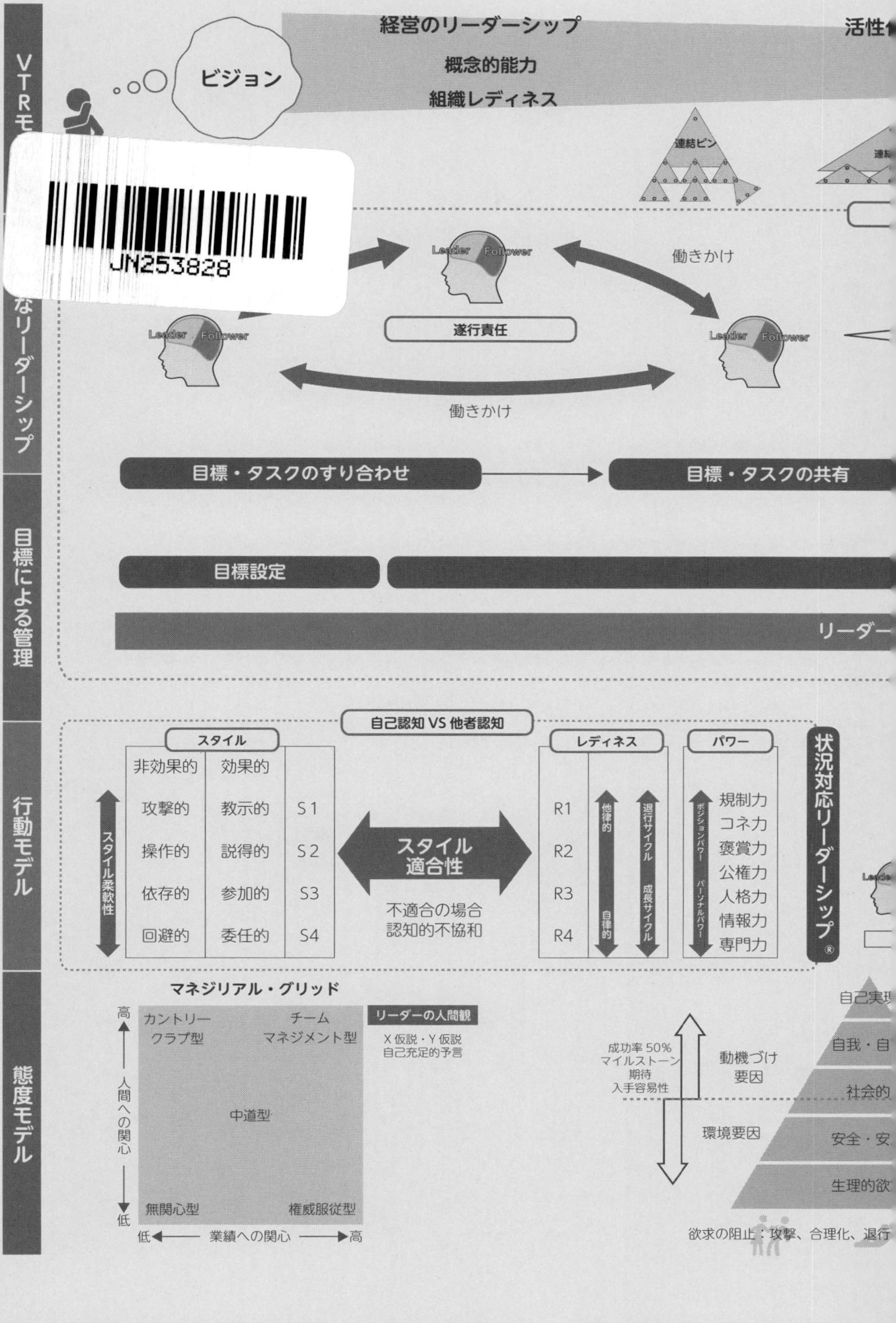
VTRモ
なリーダーシップ
目標による管理
行動モデル
態度モデル
経営のリーダーシップ
概念的能力
組織レディネス
活性
ビジョン
連結ピン
連結
Leader Follower
働きかけ
遂行責任
働きかけ
目標・タスクのすり合わせ
目標・タスクの共有
目標設定
リーダー
自己認知 VS 他者認知
スタイル
非効果的 効果的
攻撃的 教示的 S1
操作的 説得的 S2
依存的 参加的 S3
回避的 委任的 S4
スタイル柔軟性
スタイル適合性
不適合の場合
認知的不協和
レディネス
R1
R2
R3
R4
他律的
自律的
退行サイクル
成長サイクル
パワー
ポジションパワー
パーソナルパワー
規制力
コネ力
褒賞力
公権力
人格力
情報力
専門力
状況対応リーダーシップ®
マネジリアル・グリッド
高
低
人間への関心
カントリークラブ型
チームマネジメント型
中道型
無関心型
権威服従型
低 業績への関心 高
リーダーの人間観
X 仮説・Y 仮説
自己充足的予言
成功率 50%
マイルストーン
期待
入手容易性
動機づけ要因
環境要因
自己実現
自我・自
社会的
安全・安
生理的欲
欲求の阻止：攻撃、合理化、退行

1

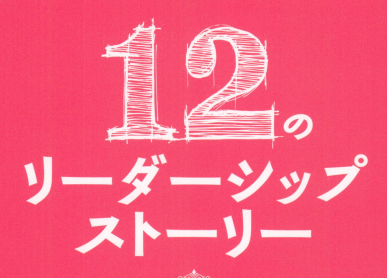

12のリーダーシップストーリー

課題は状況対応リーダーシップ®で乗り切れ

網 あづさ
リーダーシップ研究大学
「進化する教科書」チーム
著

12
Leadership Stories

12

はじめに　「リーダー教育」ではなく、「リーダーシップ」教育をせよ

博士号取得のメドがたったころ、疲労が重なったためか、美容院でリラックスしていたときに「アメリカに住もう！」とひらめきました。その1週間後、私は部屋を決めようと、カリフォルニアに向かったのです。

「リーダーシップ」は経営エリート教育ではない

38歳で「最短3年で博士号取得」という目標を掲げてから、結局3年半かかって達成しましたが、その間に、両親が同時に大病を患い、家業、負債、学業、在宅看護というひとつでも大変なタスク（つとめ）が同時に、私にのしかかりました。その心労がどん底までいったからだと思いますが、それまで家業と負債があるからと諦めていた本当にやりたいことが浮かんだのだと思います。

博士号をどのように活かすのか。

大学やシンクタンクへの就職活動という選択肢もあります。しかし、若い頃から博士号を持つ経営者や独立コンサルタントをそばで見てきたこともあり、独立して博士号を活かしたい、そんな思いがありました。そこで、故ポール・ハーシィ博士（状況対応リーダーシップ®主唱者）が創立し、休眠中だった通信制大学院を復活させられないかと、当時の経営者だった博士にたずねました。残念ながら、事務手続きが煩雑すぎて復活させたくないとのことで、むしろ私に、「アメリカだけではなく太平洋にまたがる大学院を自分の力で創ったらどうか」と、ハーシィ博士が提案してきたのでした。

私はとても驚きました。しかし、まだまだこれから長い人生、ライフワークとしてのチャレンジだと思いました。人生の折り返し地点は過ぎていましたが、すでに数々の失敗も試行錯誤もしてきている発展途上の身です。

なんと言っても親から引き継いだものでもなく、他人の考えでもない、自分の考えで自分が起こす活動、うまくいかなくても諦めなければ失敗にはならない。自分が好きで決めたことですから、ダメモトです。試行錯誤でやってみようという気持ちになりました。

「状況対応リーダーシップ®」の学びが大学院設立の背中を押した

日本では働きながら博士号を取得することはむずかしいのですが、これまでに博士号を持つ多くのビジネスマンを見てきました。博士号は世界で通用する資格です。市場が否が応にもグローバル化するなかで、なにも言わなくても博士を持っていれば、その道の専門家の証です。

リーダーシップを、経営エリート教育ではなく、だれもがあらゆる場で使えるように研究し、教育し、出版する教育機関、その領域の専門家や教育者を養成する大学院を創りたいと思い、手探り、試行錯誤、諦めない、この精神で、ようやくリーダーシップ研究大学（University of Leadership Studies）というインターネット大学院（米国カリフォルニア州、日本語・英語対応）を夫と共同設立しました。

インターネット大学院ですから、いつでも、どこでも、自分のペースで学位取得ができます。いずれは、何語でも受講可にできればおもしろいと思っています。

このような試行錯誤や諦めない精神は、行動科学と状況対応リーダーシップ®（S.L.理論®）の学習を通して生まれてきたと思っています。

この考え方は過去40年にわたって、世界のリーダーやマネジャー一四〇〇万人以上が学習してきたものと言われていますが、私にとって特に印象的な考え方は次のようなものです。
・赤ちゃんがミルクを欲しがって泣いたとき、おかあさんがミルクをあげたら赤ちゃんは目標達成したことになる。それがリーダーシップを発揮したことになる。
・目標は低すぎても高すぎてもやる気が起こらない。ちょっと背伸びするくらいのチャレンジがいい。
・「こうなると思って行動していたらそうなる」という自己充足的予言である。
・タスクは「〇〇管理」のように曖昧な表現ではなく、具体的に「〇〇すること」というように行動指標で表現すること。そうすれば、進捗状況をレディネス(能力・意欲)で測ることができる。
・リーダーシップは自分が発揮するのではなく、相手がどう受けとめてどう行動するかが重要である。
・リーダーシップはプロセス(働き・機能)や人ではない。
・状況対応リーダーシップ®は記号で示されているので、簡単に関係者の間で共通言語として理解できる。
私は仕事の場面でも、新しいチャレンジの場面でも人間関係でも、この考え方を知っていたおかげで、乗り切れたことがたくさんありました。この考え方を知ることによって、行動することが楽になった、新しいことにチャレンジしたくなった、試行錯誤をしたくなった、諦めなくなった、人間関係で悩まなくなったのです。

人間は、自分がやっていることの道筋が見えると安心します。取り組んでいることが、「おおよそこれでいいんだ」と思えると納得できるのでしょう。安心し、納得すれば、前に進めるようになります。行動科学と状況対応リーダーシップ®を知ることは、私たちが前進する機会をくれるのです。

「赤ちゃんのリーダーシップ」があるくらいですから、だれにでもリーダーシップはあります。リーダーシップを知ることで、安心して納得して前進できれば、元気も出ますし、新しいことにも臨むことができるのです。

なぜ「だれもがリーダー」なのか？

人はだれでもなんらかの「組織」に所属しています。組織とは二人以上が集まって協働することだと言われます。たとえば親と子が一緒に生活しているだけでも、二人以上が集まって「生活する」という協働をしていることになります。

組織には、家族をはじめ自治会、学校、クラス、サークル、ＮＰＯ、病院、介護施設、ホテル、国際機関、企業、行政団体など、リストアップしきれないほど、あらゆる種類のものがあります。

組織というと、通常はビルや建物のオフィスの中で、社員やメンバーが働いている姿をイメージするかもしれませんが、インターネットの時代は、形ある組織ばかりではありません。在宅のフリーランス同士で世界のあちこちで働く人たちもいます。さまざまな言語でやりとりをしているチームもあります。要は「二人以上で協働」していれば、組織だと理解していいのです。

どんな種類の組織でも、大きな組織でも小さな組織でも、積極的に活動するメンバー、単にいるだけのメンバーなど活動の程度に差はありますが、だれもがなんらかの「活動」をしています。活動している人は、動いているわけですから、なんらかの方向（目標）を持っているのです。

リーダーシップの定義によれば、目標を持っている人はリーダーであると言えます。本書では、「だれもがリーダー」という基本的な考えで進められますが、それは**「だれもが自分なりの目標を持って活動している」**という意味です。

ここで重要な概念は、以下の三つです。

- **組織　二人以上で協働すること**
- **活動　一人以上で動くこと**
- **目標　活動する方向**

一人で活動する場合も、二人以上で協働する場合も、動くからには「こうしよう」とか「あそこへ行こう」という方向、つまり目標があります。目標まで行き着くには、近道する、遠回りする、障害物だらけの道を選ぶ、途中で失敗する方法など、いろいろあります。

どうせ行き着くところが同じであるならば、できれば、最も疲れることなく、障害物も少なくて、時間もかからないでたどり着きたいと、多くの人が願うと思います。どの方法を選ぶのか、その道を選ぶのがリーダーなのです。自分だけなら自分がリーダーですが、二人以上なら他の人がリーダーかもしれませんし、自分がリーダーかもしれません。

あるいはリーダーが決まらず、右往左往している最中かもしれません。いずれにしても、目標まで連れて行ってくれる人がリーダーなのです。

近道するリーダー、遠回りするリーダー、障害物だらけの道に行ってしまうリーダー、途中で断念するリーダーと、いろいろでしょう。しかし、この場合、効果的なリーダーシップを発揮する、最もよい方法は、気持ちよくトラブルもなく障害物も少なく時間もかからないで、メンバーたちを目標まで連れて行くことです。「うまくやってくれ」と言うだけでは他人も自分も動けません。うまくやるハウツーを知るだけでも、「なぜ」の大切なところがわからないので長続きしません。

そこで本書では、だれもが発揮できる効果的なリーダーシップについて考えていくことにします。大物成功者、カリスマ、エリートのリーダーシップではなく、日頃使えるリーダーシップです。

なぜ人は動くのか、なにをすべきか、どうすべきかを知ることで、効果的なリーダーシップを筋道を立てて学習することができるのです。

- **なぜ人は動くのか(Why)**
- **なにをすべきか(What)**
- **どうすべきか(How)**

このように、なぜリーダーシップが生じるのかの因果関係、どうすれば再現できるのかを体系的に研究することを、リーダーシップ研究ととらえています。リーダーシップは、頭の中だけで終わる現象ではないので、行動すること・行動させることが必要です。それもあって今回、リーダーシップ研究のスタートとして行動科学と行動モデルに焦点をあてることにしました。

私は「進化する教科書『リーダーシップ』を創ろう！」プロジェクトと称して、この機会に「だれもがリーダー」を基本的な考えとする教科書を創ろうとしています。時代にあわせてリーダーシップ理論や行動モデルを発案・修正し、現在、起こっているストーリーを紹介しながら分析することで、だれもが「私もやっていたんだ」と安心・納得でき、「次は、どう行動しようか」と前進できるリーダーシップ教育を行いたいと願っているからです。まさに本書が、そのための教科書です。「リーダー教育」ではなく、「リーダーシップ教育」です。

行動科学では、リーダーシップをプロセスととらえているので、生まれながらの特性によるものでもなく、また「この人だからできる」というような属人的なスキルでもない、だれもが学習可能な社会的スキルとして、このような教育を行っています。

リーダーシップは循環するものです。誰かがリーダーシップをとっていれば、そのプロセスを通じて社会全体に広がっていきます。

そんな発見が頁をめくるにつれ、あなたに芽生えるとしたら、著者として、こんなにうれしいことはありません。改めて「リーダーシップ」とはなんなのか、本書を読み進める中でこのテーマに真摯に向き合い、また、仕事や日常生活の中で、ここから得たことを実際に活用していただければ幸いです。

網あづさ

平成28年1月吉日

目次

PART2 リーダーシップの「共通言語」

「行動科学」と「状況対応リーダーシップ®」をどう使うか

PART3　リーダーシップのカタチは同じではない

PART4 自分の中にある「リーダーシップ」を活かす

「使命とリーダーシップ」「自分アジェンダ®」を考える

まとめ 今、やるべきことを整理する

「自分」も「他人」も動かすために

本書の読み方——「知識」を「行動」に変えるために

本書は、過去40年にわたる行動科学の考え方を1冊にまとめました。そのベースとなっているのは、状況対応リーダーシップ®モデルを提唱している『新版入門から応用へ 行動科学の展開』（ハーシィ、ブランチャード、ジョンソン著 生産性出版）です。同書は400頁を超える行動科学の辞典とも言える大著であり、原書（英文）も第10版を数え、時代にあわせて進化してきました。

同書は解説されている理論やモデルの多さや頁数の多さから、「最後まで読みきる」というよりも、辞典として必要な箇所だけ「確認する」という部分的な使い方をされていると聞くことがあります。

しかし、行動科学と状況対応リーダーシップ®は、ふつうの仕事や生活の場で日常的に使える考え方です。ぜひ多くの方に読んでもらう、使ってもらうことが大事です。そんな思いから、本書は「リーダーシップ・ストーリー」と「POINT」の2本立てにしました。

そこで理論的な解説には、『新版入門から応用へ 行動科学の展開』の頁数を、本文中や図表に（ ）で記しました。より詳しく学習したい場合は、ぜひ、該当頁を参考にしてください。その他の引用文献については、（ ）内に文献名を記しました。

また、「リーダーシップ地図」を作りました。PARTごとに解説した理論やモデルの図表をまとめています。ストーリーや解説を読むときに、この行動科学や状況対応リーダーシップ®の主要な考え方を見渡す全体像「リーダーシップ地図」を参考にしてください。

最後の「まとめ」では、リーダーシップ・ストーリーを、解説で紹介した項目のいくつかを使って整理しています。

また、現代のさまざまなリーダーシップ現象や自分自身のリーダーシップを診断分析できるように、実際のリーダーシップの場で使えるように、行動科学および状況対応リーダーシップ®の枠組みを使った「考えるための質問」をいくつかリストにしています。

読み方に正解はないものの、「私なら、どのような行動をとれるのか選択肢を出すこと」は重要です。それがリーダーシップ行動の第一歩になるからですが、そんな心構えで引用文献、まとめをご活用ください。

また、必要な用語や考え方を探し出せるように索引も用意しましたので、ぜひとも本書を教科書や参考書のように使ってみてください。

前置きが長くなりましたが、いよいよここから、それぞれのリーダーシップストーリーのスタートです。この12のストーリーを読み進めていくうえで、指南役となる谷中夫婦が登場します。また、彼らの友人たちも大切な役割を果たすのですが、まずは彼らを紹介していくことにしましょう。

さあ、「12のリーダーシップストーリー」のはじまりです。

◆　◆

「12のリーダーシップストーリー」主な登場人物

主人公　谷中 利一（やなか としかず）　34歳

大学卒業後、ＩＴメーカーに営業職として勤務。現在は課の主任として後輩たちを育てる立場。大学時代は、社会問題のディベートサークルや青少年活動のボランティアサークルに所属していた。7年前に高校時代から交際していた現在の妻と結婚。5歳の息子と3歳の娘の父でもある。主任として、自身のリーダーシップに悩む。

佐々木 由美（ささき ゆみ）　32歳

谷中の高校時代の後輩。観光関係の専門学校を卒業後、現在は都内ホテルに若手マネジャーとして勤務。独身。チームを任されているが、なかなか思い通りにうまくいかず奮闘中。結果重視の上司とのやりとりに葛藤を抱く。

谷中 陽子（やなか ようこ）　34歳

谷中の妻。看護短大を卒業後、都内のＴ病院で看護師として勤務。現在は副看護部長として看護職員の教育業務も担当。院内の改革に、看護師長とともに取り組んでいる最中である。

黒木 雄一（くろき ゆういち）　31歳

谷中の大学時代、ディベート部だったときの後輩。中堅の商社に勤める。将来は公的な仕事に就きながら、海外との仕事の幅を広げていきたいと思っている。国内外ともに友人が多い。

◆

◆

PART 1

「リーダーシップ」ってなに？

「タスクのとらえ方」と
「状況対応リーダーシップ®」を
整理する

STORIES

1 部下を「ロボット扱い」する困った女性上司
2 民主的リーダーは度を過ぎればあだとなる
3 情緒不安定な部下をもてあます男性課長

1 部下を「ロボット扱い」する困った女性上司
「決めたことができないなら、辞めてもらっていいです！」

「おう、久しぶりだな。何年ぶりだ？　けっこう元気そうじゃないか」

谷中利一が高校時代の部活の後輩、佐々木由美に久しぶりに連絡をもらい、「仕事で悩んでいることがある」と言われて呼び出されたのは、師走も近い、ある11月のある日のことだった。

せっかくだからと、同じ高校の友人がやっている隠れ家的なバーに由美を呼び出し、じっくり腰をすえて相談に乗ってやろうと思ったのだ。

由美は急いで駆けつけたという感じで店の扉を開けて入って来た。

「お久しぶりです！　今日はわざわざお時間作っていただいてありがとうございます。ほんと、だれにも相談できなくって……。助かりました」

11月とはいえ、すでに冬本番だ。厚手のコートを脱ぎながら、由美は着くなり谷中にお礼を言った。

「まあ、まず落ちつけよ。最近、結構いいホテルに転職したって聞いたからさ。元気にやっていると思っていたけど、わざわざ連絡してくるなんて、よっぽどのことなんだろうなって思ってな」

谷中と由美は高校の先輩、後輩の仲だ。卒業後、谷中は大学へ行き、現在34歳。都内のＩＴメーカーで営業職を勤め、主任として数名の部下がいる。高校時代に知り合った妻とは7年前に結婚し、一男一女の父親でもある。

一方、由美は高校卒業後、観光関係の専門学校へ行き、ホテル業界一筋、いろいろなホテルで修行を積んで頑張ってきた。現在32歳。仕事大好き人間で、現在は特に交際している彼氏もいない。ゆくゆくはこの業界で自分にしかできないことを見つけて、出世していきたいという夢がある。

高校時代から由美はなにかと、谷中と谷中の妻の陽子を頼って、ことあるごとにいろいろと相談をしてきた。谷中夫婦は、よき姉、兄的な存在なのである。

頑張ってここまで走ってきた由美だが、今回の相談は、自分のキャリアの中でも1位、2位を争うくらい、非常に悩ましいことである。同じ業界の人に相談するわけにもいかず、真っ先に思いついたのが谷中の存在だったのだ。

「今日、陽子はあいにく来れないんだよ。よかったら俺だけでいいか?」

「もちろんです」

普段はあまり口にしないビールをぐっと飲んだ後、由美はおもむろに今の職場の話を始めた……。

＊　＊　＊

由美は1年前にキャリアアップを目指し、都内の一流ホテルであるお客様サービス部署のマネジャーに転職した。その部署の責任者である山口部長と入社面接を終えて採用が決まったとき、これから自分が総勢三十人の組織のマネジャーとして働く職場に、明るい希望と期待を見出していた。

由美は、これまで10年以上サービス業界で働いてきた実績があり、新しい職場でも期待に応えられるという自信と自負心を持っていた。また、山口の片腕としてスタッフとのコミュニケーションもよく、風通しのよい職場にする役を任されたと思っていた。そして、ホテルというサービス業でお客様から十分に満足してもらうには、ホテルの従業員が喜びを感じながら働ける環境づくりが必要だと考えていた。これは、これまでも十分に経験してきた原則であった。まさに由美は、得意分野の仕事についたと思い、意欲的に仕事に臨んでいたのである。

具体的な仕事の内容は、まず大勢のスタッフをまとめて、スタッフそれぞれの能力を最大限に引出し、一丸となってゴールを目指すこと(チームビルディング)であった。

スタッフが忙しいのはわかっていたが、スタッフの声をしっかりと聞くことが重要と考えていたのである。そこでお客様に迷惑のかからない時間帯を見計らい、由美は一人ずつ、それぞれに対して15分をめどに、積極的にコミュニケーションをとっていった。

「自分の仕事を楽しんでる?」

「まぁ、いろいろとあるのですが……。でも、佐々木さんが直接、声をかけてくれてうれしいです」

「この会社に入った理由は?」

「以前、このホテル系列のホテルに宿泊したことがありました。そのときに受けたホスピタリティにとっても感動しました。その感動が忘れられず、自分もお客様にサービスしたいと思い、このホテルで働いています」

由美は、スタッフのホテルのサービスについて素直な思いを聞くことができて、とてもうれしくなっていた。

上司の山口からも「スタッフがあなたと話せて、とてもうれしいって言っていたわよ」とねぎらいの言葉をもらった。山口の喜ぶ顔を見て、由美も喜んだ。山口が忙しくてこれまでスタッフとコミュニケーションの時間が取れない分を自分が補完できると思ったのである。これなら上司の山口ともうまくやっていける、そんな自信も深めていった。

こうして由美は、少しずつ仕事の幅を広げようと、他部門の人たちともコミュニケーションをとるように心がけたのである。

ところがある日、上司の山口から個室に呼ばれ、こう切り出された。

「佐々木さん、あなたは自分の部署のことだけを考えて仕事をしていればいいの。私の指示以外で他部門の人と話す必要なんかないのよ」

「はぁ」

「それからスタッフは、みんな持ち場の仕事ができていないようだからしっかり監督してちょうだい。そうそう、こないだ現場を手伝っていたけど、あなたはマネジャーなんだから、そんなことしなくていいの」

「私は、スタッフの仕事を体験して、コミュニケーションをとりながら改善していきたいと思っているのですが……」

「スタッフは改善なんて考えていないのだから、とにかく言うことをきかせて指示通りに働くようにさせなさい」

この重苦しい空気がただよう個室から出てきたときの由美は、疲労困憊であった。

今までの山口の私への接し方はなんだったのだろうか。自分は認められていると思っていたのに……。スタッフ全員が山口を怖がって萎縮していることが、少しずつわかってきたような気がした。

また、山口は気分にムラがある人なのもわかってきた。個人的に楽しいことがあると、屈託もなく笑う。しかし、普段は感情を表に出さず、由美やスタッフに冷たい態度で接してくる。そのため由美もスタッフも、山口の気分に翻弄されることが多くなっていた。

そんな戸惑いがある中、この日を境に二人で個室にこもったミーティングが、毎日のように繰り返された。

「佐々木さん、よくスタッフと長い時間しゃべっているわよね。仕事の邪魔をしているんじゃない？」

「現場には了解をとっています。スタッフにも必要なことだと感じています」

「仕事はね、決められたことだけをきちんとやればいいの。何度言ったらわかるのかしら……。佐々木さんやスタッフの意見は聞いていないんだから、ノーという選択肢はないのよ」

「でもそれでは……」

「決められたことができないなら、いつ辞めてもらってもいいのよっ！」

山口の話題は、いつもスタッフの悪口であった。

由美の気持ちはだんだん萎えていった。不安も増幅していった。そしてわかったのは、山口は、仕事以外の会話の価値を一切認めず、その必要もないことを固く信じていることであった。

それでもなんとかスタッフが元気になるようにと、由美はスタッフを集めてミーティングを行っていた。そんなある日、スタッフと話をしているときに、山口が厳しい表情で会議室に現れた。

「なにをしているか見に来たのよ」

それを聞いてみんな凍りついた。それ以降、山口はたびたび会議室に現れることになった。こうして働く環境が悪化していくなかで、こんな状態だからこそ自分が頑張らなくてはと、由美はなんとか仕事をこなしていた。だが、山口の態度はさらにエスカレートしていった。

そしてついに、暴言を吐かれたのである。

「佐々木さん、給料分の仕事をしていないようね。前の責任者もそうだったから、実は、やめてもらったのよ」

もうどうにもならない。由美はそんな気持ちになり、やる気が失せた。与えられた仕事だけをやり、そのほかの仕事には一切手を出さなくなったのである。もちろん、仕事の成果は出ない。気持ちも晴れない。そして途方に暮れ、谷中に相談に来たのだった。

＊　＊　＊

「そりゃ、結構な言われようだな……。由美は前から職場での人間関係を大事にして、チームビルディングやマネジャーとしてのスキルアップの勉強を熱心にしていただろ？　山口部長が求めていることと由美がやりたいことが完全に違ってしまったんだな」

由美は一息つきつつも、自分のモチベーションが著しく下がっているのを改めて実感した。

そして谷中が言った「山口部長が求めていることと、自分が期待していることがまったく違う」という言葉が、ずっしりと心に重くのしかかったのだ。

「改めてこういう状況で、自分がどういうリーダーシップを発揮していいかわからなくなってしまって……。同時に成果しか見ない山口部長にも大きく疑問を持っちゃったんです。部長のリーダーシップも、どこかバランスが悪いような気がして」

「リーダーシップって確かになんなんだろうな。俺も今は随分と部下や後輩たちとの仕事のやり方に慣れてきたけど、かつては苦労したなぁ。大失敗もやらかした。成果へのコミットが足らず、仲良しグループのように中途半端にやり始めたことが結果、裏目に出たんだよ」

谷中はビールグラスを静かにおいた。

❷ 民主的リーダーは度を過ぎればあだとなる
「膝を痛めたメンバーの対処は、多数決で決めよう」

谷中の会社では近年、管理職のリーダーシップ・スキルの強化を目的に外部の研修会社を使った13日間の「管理者トレーニング」が行われている。谷中もその対象者となり派遣された。

そのトレーニングは、俗世間から隔離された環境で、各企業から送り込まれた管理者が1チーム十人ほどの単位で分けられ、朝4時半に起床して22時に就寝するまで、管理職に求められる行動力訓練に臨む。トレーニングの内容は、行動中心で座学での知識教育よりも精神力を鍛えることに重点が置かれる。その内容も厳しいものであった。

代表的な訓練は、チーム全員での40キロ夜間行進である。それは苦境での冷静な意思決定、精神的な強さを鍛えることを目的にしていた。

チームのメンバーは初めて顔を合わす者同士だったが、一部屋で寝起きをともにする間に、気心も知れ、仲間意識が徐々に生まれた。リーダーの選出は教官からチームメンバーに委ねられた。そんな中、メンバーの一人、佐藤が谷中を強く推したことをきっかけに、他のメンバーにこれといった異論がないことで、とんとん拍子に谷中がリーダーに決まってしまったのだ。

おそらくほとんどのチームメンバーは、リーダーの責任の重さなど、それほど真剣に考えていなかったのだろう。それは谷中も同じだった。

谷中は大学時代に青少年のボランティアサークルで、数十人の中学生を連れて丹沢や奥多摩を登山し、夏休みには尾瀬や八ヶ岳など、かなり高い山に登っていた経験もある。それは自信となっていた。実際、40キロといっても急な登りもなく、荷物も弁当と水だけで大した量でもない。血気盛んな中学生を率いた登山ほど苦労しないだろうと、谷中自身も高をくくっていたのである。

* * *

だが、夜間行進の結果は惨憺《さんたん》たるものになってしまった。これまでの訓練で苦労を共にし、気心も知れてきたとはいえ、しょせんは、寄せ集めのメンバーであることには違いない。チームとしての結束は高いとは言えなかったのである。

40キロ夜間行進は、夕方のスタートとなる。谷中が率いるチームは目標タイムでゴールすることを誓い、意気揚々と出発した。

しかし、出発して2キロもいかないうちに、メンバーの横川が、「膝が痛い」と不調を訴え始めた。

「大丈夫か？」

とたずねる谷中に、

「あぁ……」

そう答えるのが横川には精一杯で言葉が出てこない。

横川は、他のメンバーよりも体重が重く、これまでの訓練で、すでに膝を痛めていたのである。40キロ夜間行進をクリアしないと卒業できないというルールから、無理して参加していたのだ。谷中をはじめ、他のメンバーは横川の状況をまったく知らなかった。

「スピードを落とすから大丈夫。心配しなくていい」

と、谷中は横川に声をかけた。

「頑張ってきたんだものな」

声をしぼり出すように横川は言った。

そして、当面の対策として、谷中は歩くペースを落としたのである。ところが、6キロほど歩いたところで状況は悪化。横川は、これ以上歩けない状態に陥った。選択肢は二つしかなかった。一つは横川を救助してもらう。この選択肢では､結果的に横川の卒業が遅れることになる。つまり、一人のメンバーを切り捨てることになるが、チームの目標は達成できる可能性が高い。

二つめは残りのメンバーで横川を交代で背負い、全員でゴールすることだった。この選択肢では、ゴール目標の達成はおぼつかなくなるが、メンバーを切り捨てることは避けられる。

谷中はこの事態をどうするか、他のメンバーに問うことにした。それはリーダーとしての決断に対する責任逃れでもあった。

方法はというと、紙に1か2を記入する方式でメンバーの意思を確認することにした。

「これからみんなの意見を聞きたい」

と切り出し、

「それがいい」

とみんなからの同意を得て、それぞれの考えを意思表示してもらうことにした。

メンバーの数人は1を選択していたが、半数以上が2を選択していた。こうしてチームは2を選択したのだった。このままうまくゴールできれば、メンバーの絆のとても強いチームという美談になると谷中は思った。

しかし、現実は悲惨なものとなった。

膝を痛めた横川の体重は90キロをゆうに超えている。とても一人で背負いきれるものではない。途中で太い枝を見つけ、三人で背負う形で行進を続けた。チームメンバーの疲労は限界に近い。そんな中、サポート車が近づき、途中ではぐれた佐藤を伴って教官が降りてきた。

「迷ったメンバーをサポート車が発見しなかったら、どうなっていたと思うんだ!」

教官は怒鳴った。

佐藤は、夜霧のなかでチームからはぐれて迷っていたのである。誰一人として佐藤がはぐれたことに気づかなかった。それくらいメンバーは疲弊し、自分のことで精一杯だった。

結局、このトラブルが引き金となり、チームは横川を連れて帰るのを諦めたのである。

メンバーに残ったのは、言い知れぬ挫折感だった。リーダーが目標達成という結果重視の成功よりもメンバーの気持ちを思いやる民主的で効果的なリーダーシップを選んだつもりが、成功も効果性も満たされぬものになってしまったのである。

翌日、チームは教官からこの顛末について叱責を受けた。特にリーダーの谷中は他のメンバーよりも強い叱責を浴びた。

「この顛末の責任はリーダーのキミにある。すべてのメンバーに対して申し開きができるか?」

「安っぽい人間関係重視でメンバーからよく思われたかったのか!」

「そもそも考えが甘い!」

谷中は軽い気持ちでリーダーを引き受けた。その結果、リーダーとしてすべての責任を自分一人が負わなければならなくなったことに、憤りと悔しさ、情けなさを覚えたのである。同時に、リーダーの役割と責任の重さを痛感した。

特に「非常時の意思決定」と「行動の質」が求められることをここから学んだのだった。

＊　＊　＊

「谷中先輩でも、そういうことってあったんですね。学生時代から谷中先輩っていろんなところでリーダーシップを発揮していたような感じがしたから、こういう研修もお手のものかと思っていました」

「逆にそういう自負が裏目に出たんだよな。すべては結果への読みの甘さと、本気度が低かったからだと思うんだ。そういう意味では、由美の言うように、成果だけ、関係だけ、というバランスを欠いた状態というのはリーダーシップを発揮しているとは言えないよな」

「とはいえ、仕事は一人でできるものじゃないですし、人の集まりですよね。人への配慮って根本的なことだと思うんですけど」

「そうだな。そういう意味じゃ、どっちも大事だな。〝人〟と言えば隣の部署で最近、起こったことなんだが……」

と、谷中は話し始めた。

3 情緒不安定な部下をもてあます男性課長
「同期も頑張っているんだし、早く遅れを取り戻そうな」

システム会社T社の営業1課は、多くの行政機関を顧客に持つ部署だ。熱血漢あふれる部員が揃い、システム開発業務の営業を行っている。ときには、ITソリューション業務を行うこともある。前月、目標達成している営業1課は、各メンバーがノルマ達成を目前にして、このまま順調にいけば、今期は前年度を上回る売上数字を出せると、意気揚々とした空気が営業1課に漂っていた。

そんな中、OJT期間を終えた入社2年目の木村が、ようやく一人前に活動しようとしていた矢先、急にふさぎ込むようになった。なかなか営業に出かけようとせず、自席でぼーっとしている。

営業1課の鈴木課長は、三人の係長と十五の係員を束ねている。課長は木村の様子が気になり、ある日、木村に声をかけたのだった。

「木村くん、先輩たちはみんな出かけてしまったぞ。さぁ、そろそろ今日の仕事を始めてくれ」

そう明るく声をかける課長に対して、木村は弱々しい声で「はい」と返事をするだけだった。

それから間もなくして、今度は遅刻が目立つようになった。さらにそれから数日後、木村から「今日は、休ませてください」と、電話が入ったのである。

木村の勤務態度を見ていた上司の伊藤係長はそんな様子が心配になった。

「課長! 木村ですが、どうしたんでしょうね。OJT期間が終わってから、ずっとあんな調子ですよ。独り立ちには少し早かったんでしょうか?」

と鈴木課長に相談した。

「いや、OJTリーダーもしっかり教育指導していたし、私と同行したときも自分の意見を述べていたから大丈夫だよ。ちょっと不安なのだろう。しばらく様子をみよう」

これが、鈴木課長の出した答えだった。

だが鈴木課長は、ただ木村をなにもしないで放っておいたわけではなかった。

「木村くん、調子はどうかな？　目標数字があるのだから、みんなのように、目標達成目指して頑張ってくれ。同期の和田くんも夜遅くまで、頑張っているんだし、早く遅れを取り戻そうな」

と、木村を励ましていた。それに対して木村は、

「無理です……」

そうつぶやくと、机に顔を伏せてしまうこともたびたびだった。

木村の職務姿勢が気になるものの、どのように接してよいのかわからないまま数日が過ぎた。しかし、他の部員は木村の態度に我慢ができなくなっていた。

「課長、木村はどうしたんですか？　このままでは、課の目標が達成できません！　一応、木村も数字を持っているわけですから」

「木村が変ですよ。ただ机に座っているだけです」

「課長、このままでいいんですか？」

「この間なんて、木村さん、机で居眠りしていましたよ」

と、不満の声を上げるようになったのである。

課長は木村との対話をしようと意識していて声をかけるが、その都度「どうせ私は、自信のない人間なんです」という返事だった。

それからしばらくして、課長が最も恐れていたことが起こった。

木村が人事担当者に、直接『休職願』を出したのである。

部下の管理責任という立場から、人事担当者に呼び出された鈴木課長は、『休職願』がなぜ提出されたのか質問されたが、しどろもどろの返答しかできなかった。木村がとった行動の理由に、まったく見当がつかなかったからだった。

木村の『休職願』の提出は、さらに波紋を呼んだ。部下たちの不満がエスカレートして、

「課長、木村の目標数字は、だれがやるんですか？」

「私だって、目標数字を達成できないときは落ち込みますよ。でも、木村はなにもやってないでしょ」

と、鈴木課長を追及する声となったのである。

それから3カ月後、木村は休職を終えて復職した。

だが、不満をあからさまに口にしていた部員はもちろんのこと、他の部員も木村には一切、厳しいことを言わなかった。

「木村さん、営業事務の井上さんと顧客データのリストクリーニングをしてくれますか？　お願いします」

「木村さん、今日は無理をしないで、3時には業務を終わってください」

そんな距離を置いた話し方をするようになったからだ。だが、彼らの本心は木村に対して「ねぎらう」とか、「優しさ」から出てきた言葉ではなかった。

木村の休職中、みんなで力を合わせ、苦しみながらも課の目標数字をなんとか達成してきこともあり、部員たちは、もう木村を営業1課の一員として認めなくなったのである。

部下たちの態度を横目で見ながら『最近、システムに関する専門知識があるお客様が増えているが、

木村はそれに太刀打ちできるくらいの知識と情報を持っていないのかもしれない』と、鈴木課長は感じている。しかし、この状況ではだれにも話すことができない。

それに、課内の雰囲気が一変したことで、最近は黙々と自分の数字を追いかけるメンバーの姿も目立つ。以前のように営業ノウハウや情報を交換しながらコミュニケーションを図り、明るく勢いがあった営業1課は、もうそこにはない。鈴木課長は、木村が職場復帰し、すべての部員が揃ったのにもかかわらず、この先どうしてよいのか途方に暮れる日々である。

＊　＊　＊

夜もだいぶん更けてきた。熱心に話し合う二人はすっかり酔いも冷めてきていた。

由美は谷中の話を聞きながらも、ある疑問がもたげてきた。

「リーダーシップってなんなんでしょうね?」

組織やチームは人の集まりだ。由美の言うように、そこには人への配慮をしながらも、リーダーとしては成果を上げていかなければならない。

そこにはどうも単に、そのバランスを見ているだけでは足りないものがありそうだ。

そもそもリーダーだけが、リーダーシップを発揮するものなのか?

成熟した社会で、ますますモノが売れなくなってきた。人々の嗜好も価値観も多岐に渡る。インターネットでマーケットや販路も様変わりしてきた。そんな複雑な時代では、かつて上位下達の指示系統でうまく管理されていたマネジメント手法は、もう通用しない。

今こそ「真のリーダー」「リーダーシップ」というものがなんなのかを問い直さなければならない時代に来ているように思う。

二人は重い腰を上げつつも、この話は当分、終らない予感がした。

「なあ、由美。今度は俺の家に来いよ。陽子も仕事でいろいろと苦労しているようだし、お前の悩みも俺のマネジメントの悩みも、リーダーシップに関係しているようだから、一度もっと深めて話し合ってみないか?」

「そうですね! ぜひ」

谷中からの申し出で、由美は自分が抱えている問題が自分だけではない、もしかしたら対話によってなにか道が開けるかもしれないという小さな光を感じつつ、帰路についた。

POINT リーダーシップでやるべきこと「タスク」

主人公の谷中さん、高校時代の後輩の由美さん、谷中さんの隣の部署の鈴木課長、それぞれにリーダーシップをめぐって、どうしたものかと悩んでいます。

由美さんは得意分野の仕事で最大限に自分の能力を活かそうと、チームビルディングやコミュニケーションに力を注ぎ、谷中さんもチーム全体の意思を活かそうと、全員がうまくいくように多数決をとるなどの民主的なリーダーシップをとりました。また、鈴木課長もメンバーの気持ちをくもうと声がけしたり、励ましています。しかし、こういった行動がいまひとつうまくいっていません。

上司との関係を好転させる「思考整理法」

由美さんは、上司との関係がうまくいかず、気持ちが落ち込んでしまい、仕事ができなくなってしまいました。

山口部長は仕事の価値しか認めず、高圧的で一方的、しかも気分にムラがあり、由美さんもスタッフも萎縮しています。このようなタイプの上司を表すモデルはいくつかあり、たとえば、「マネジリアル・グリッド」や「X仮説・Y仮説」などがあります。

次頁図表1の「マネジリアル・グリッド」はリーダーの心構えや姿勢をとらえる態度モデルの一つで、「業績への関心」と「人間への関心」によって測ることができます。

最も良いとされる心構えは、「業績への関心も人間への関心も高いチームマネジメント型(図表の右上)」です。

しかし、由美さんの上司の山口部長は、仕事一辺倒で、メンバーのやる気に関心を持とうとは思っていません。つまり、「業績への関心は高いものの、人間への関心が低い権威服従型(右下)」だと考えられます(行動科学の展開114頁)。

また、「X仮説・Y仮説」では、リーダーの人間観を示しています。そしてX仮説は「人は生まれつき怠け者で強制したり監視しなければ仕事しない」という人間観で、Y仮説は「人は仕事を遊びと同じく楽しいもので、自律的にやろうとする意欲がある」という人間観です。山口部長は、どうやらX仮説の人間観を持っているようです(行動科学の展開 67頁)。

自律的に働こうとする由美さんのような部下が、権威服従型でX仮説の山口部長のもとで働くのはつらいことでしょう。このような場合、行動科学や状況対応リーダーシップ®を使うことのメリットはいくつかあ

図表1 マネジリアル・グリッド

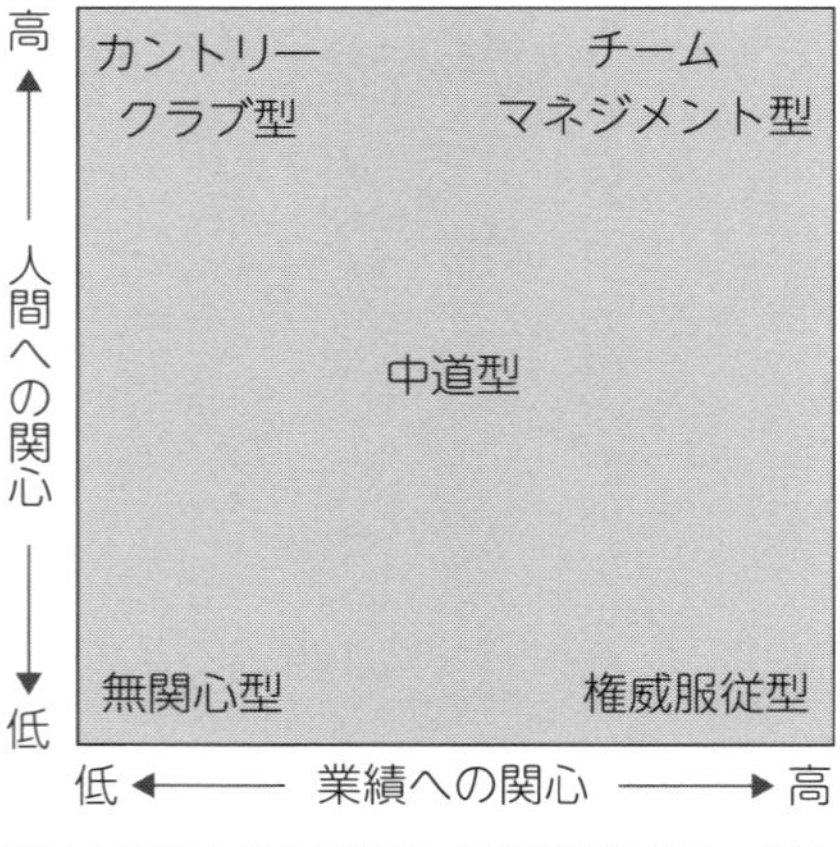

出所：「新版 入門から応用へ 行動科学の展開」p.114

りますが、由美さんにとっては、特に次の点が役立ちます。

・リーダーの感じ方、リーダーシップを受ける相手の感じ方の両方をとらえられるように構成されている。

・複雑で感情的になりやすいパフォーマンス（仕事ぶり）の問題を、いくつかのシンプルな記号を使って話し合える。

・記号化されているので、だれとでも共通言語、共通スキルとして理解しあえる。

ここを踏まえて山口部長と由美さんの問題を状況対応リーダーシップ®で考えてみましょう。まず「タスク」はなにかを見ていきます。

その前にタスクは、目標、仕事、業務、課題など呼び方はいろいろありますが、要するに「やるべきこと」です。ここでは、目標も含めて「やるべきこと」をタスクと呼ぶことにします。

タスクはなにか？

たとえば、由美さんの場合のタスクは、なんでしょうか？　由美さんは、お客様サービス部署の30名のマネジャーとして雇用されており、山口部長の部下でもあります。部下である以上、山口部長からの指示で動く必要がありますが、由美さんは自分のタスクを「山口部長の片腕としてスタッフとのコミュニケーションをよくし、風通しのよい職場にする役を任された」と思っていました。

ですから自分が考えていたタスクにしたがって、大勢のスタッフとの個別インタビューを行ったり、他部署とのコミュニケーションも積極的にとったりしました。しかし、このことで山口部長から「自分の役目だけ考えて仕事をしてちょうだい、他部門の人と話す必要はない」「スタッフは仕事ができないんだから、しっかり監督してちょうだい」など、由美さんが想像していなかった指示を受けることになりました。

「こうしよう!」と言い出す人がリーダーであれば、「こうして欲しい」と思うリーダーの思いが、協力してくれる相手に伝わらなければ、一緒に働くこと(協働)はうまくいきません。

つまり、「こうして欲しい」という思いが目標やタスクになるわけですが、これが相手に明確に伝われば伝わるほど、リーダーと協力者の協働関係が強まっていくことになるのです。このようにタスクをお互いに理解し共有する過程を「タスクのすり合わせ」と呼びます。

タスクをすり合わせる

これを行うのには、リーダーがなにを期待しているのか、自分がなにを期待されていると思っているのか、両者の目標やタスクのすり合わせをすることが必要です。

このケースで言えば、山口部長は、由美さんに「自分の部署のスタッフをまとめること」をタスクとして考えているようですが、由美さんは、10年以上のベテランでもあることから、個別インタビューなどの積極的なコミュニケーションや他部署とのコミュニケーションなども、自分のタスクとしていました。

山口部長がとらえているタスクから見れば、由美さんは指示通りやっていないうえに、余計なことをしていると映っていたのです。だからこそ、会議室に突然現れて監視するようになりました。由美さんは、自分が描いているタスクからすれば、スタッフからの反応もいいのでうまくやっていると思っています。タスクのとらえ方がずれているので、お互いの認識がずれてしまったのでしょう。

このようなお互いの感じ方のズレを、「認知的不協和」と呼びます。認知的不協和に陥ると、欲求不満になりますし、その状態が続くと、攻撃的になったり(攻撃)、子供っぽい行動をとったり(退行)、「あの葡萄はすっぱかった」という自分にとって都合のいい解釈をしたり(合理化)、無駄だとわかっていても同じ行動を取ったり(固定化)、諦めや無感動になってしまったりすると言われています(行動科学の展開30~31頁)。

ですから良好で建設的な関係が必要な場では、認知的不協和に陥らないような工夫が必要です。

では、もし、山口部長と由美さんが目標やタスクのすり合わせをしていたらどうだったでしょうか？

たとえ由美さんはベテランだったとしても、この会社での仕事は初めてです。

そう考えると、まずは山口部長が由美さんに期待している目標やタスクがなにであるか、できるだけ具体的に知る必要があります。

では、当面は山口部長が指示するように、「自分の部署のスタッフをまとめる」というタスクに専念する、「スタッフとのインタビューを何時間、何回行う」など、事前に山口部長とタスクの内容を取り決めておく。このように、具体的なすり合わせをしていたらどうだったでしょうか？

結果は違っていたはずです。

目標やタスクをすりあわせて共有することで、目標やタスクの達成度は高くなると言われているからです。

図表2は、「目標の達成度」を示しています。「目標・タスクの達成度」を上げるためには、「目標・タスクの共有度」を高めることが重要であり、そのためには目標・タスクをすりあわせることが重要だということは、おわかりいただけると思います。

しかし、「目標・タスクのすり合わせ」と一言でいっても、実はこれが案外むずかしいのです。

山口部長と由美さんのように、目標やタスクのすり合わせをしないまま仕事を進めてしまうこともありますし、目標やタスクのすり合わせをしたとしても、タスクを大きくとらえすぎていたり、あいまいな表現や抽象的な表現を使ったりして、共通イメージを持っていないことも多々あります。

目標やタスクについて共通イメージを持っていないと、リーダーがたとえ立派な目標を

図表2　目標・タスクの共有度と達成度

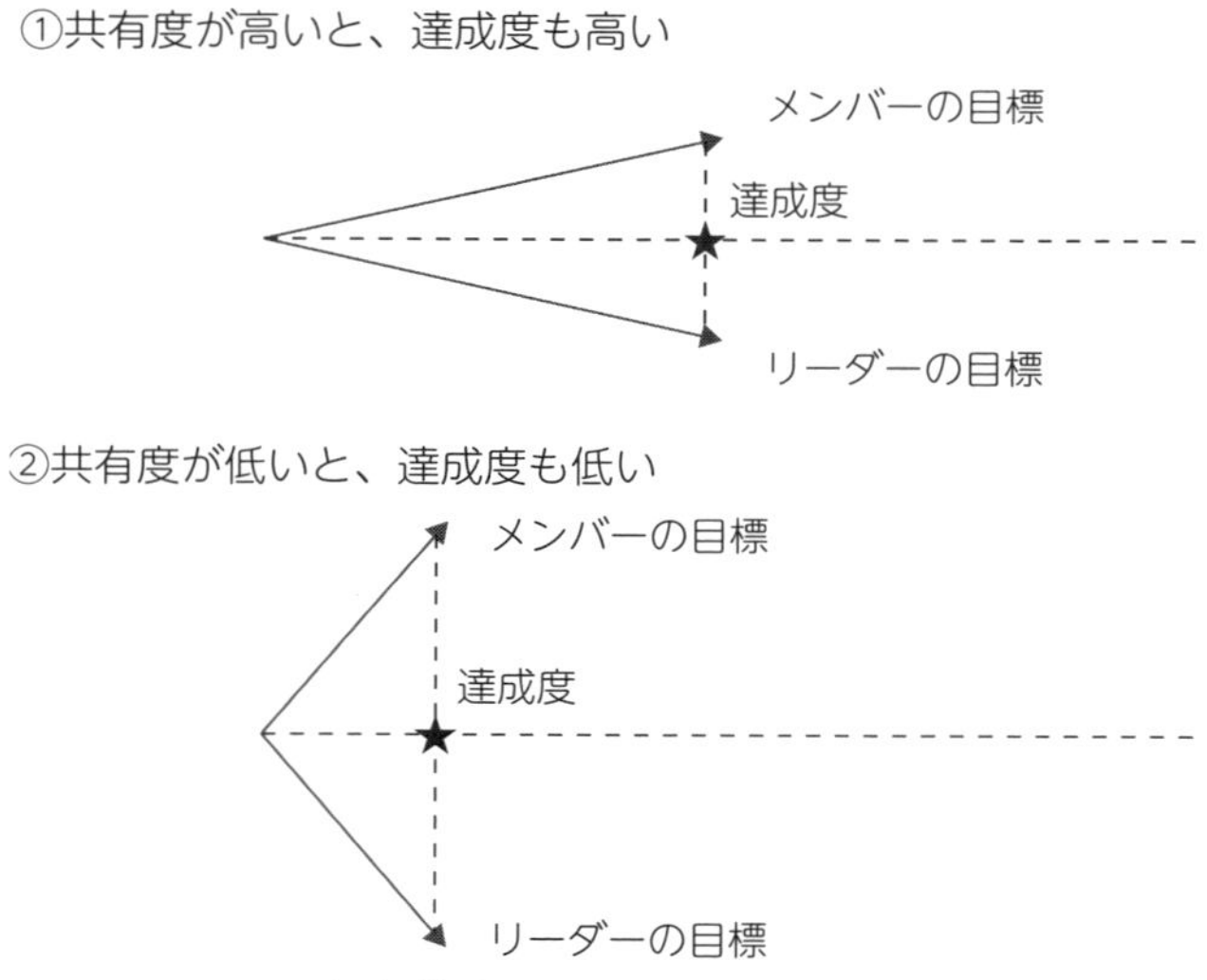

出所：「新版 入門から応用へ 行動科学の展開」p.152〜153

持っていたとしても相手は、
①なにをすべきかわからない、自分が想像する目標やタスクを進めてしまう
②どのような状態がリーダーの期待に沿っているのかわからない、一所懸命やっても期待はずれになってしまう

など目標達成できないばかりか、対人関係や信頼関係まで悪化してしまいます。

タスクを進めるうえでは、「なにをするのか、なにをして欲しいのか、どこまでやって欲しいのか」を具体的に理解してもらうことと、お互いに合意することが重要なのです。

効果的なリーダーシップを目指す

ところで、先に「こうしよう！」と言い出す人がリーダーだと書きました。言い換えると、目標を設定する人、目標達成に責任を持つ人がリーダーだということです。よって山口部長は、お客様サービス業務に関して「こうしよう」という目標に責任を持つ人なので、リーダーです。リーダーシップを受ける相手、由美さんは、「フォロアー」になります。フォロアーとは、図表3に示されるように、「リーダーシップの働き」を受けて行動する人です。

リーダーシップの働きは、図表3のように、「リーダーがフォロアーに働きかけて目標を達成し、それを持続させること」と説明されています。リーダーは「目標を設定し、達成に責任を持つ人」であり、フォロアーは「リーダーの働きかけを受けて動く人」のことです。

この図表3は、リーダーがフォロアーに働きかけて、目標を達成したら「成功」、達成できなければ「不成功」ということを表します。そして、リーダーがフォロアーにあまり働きかけなくても、フォロアーが自律的に目標達成するようになったら「効果的」。毎回、働きかけなければフォロアーが動かないなら「非効果的」ということを示しています。

よく「効果的なリーダーシップ」という言葉を聞きますが、どうすれば効果的なリーダーシップをとれるのかについて、具体的な説明はあまり見かけません。

この図表3のポイントは、「効果的なリーダーシップ」は、リーダーが毎回働きかけなくても、フォロアーが自律的に目標達成するということです。ここで重要になる考え方が、フォロアーが自らやりたくなるように働きかける「動機づけ」です。

由美さんは山口部長が指示する目標やタスクに「動機づけ」されていませんから、何度も何度も指示され、最後は「辞めてもいいのよ」と脅されるまで、山口部長が期待するような結果を出せませんでした。

ここまでで、効果的なリーダーシップには、フォロアーへ

図表3　リーダーシップの働き

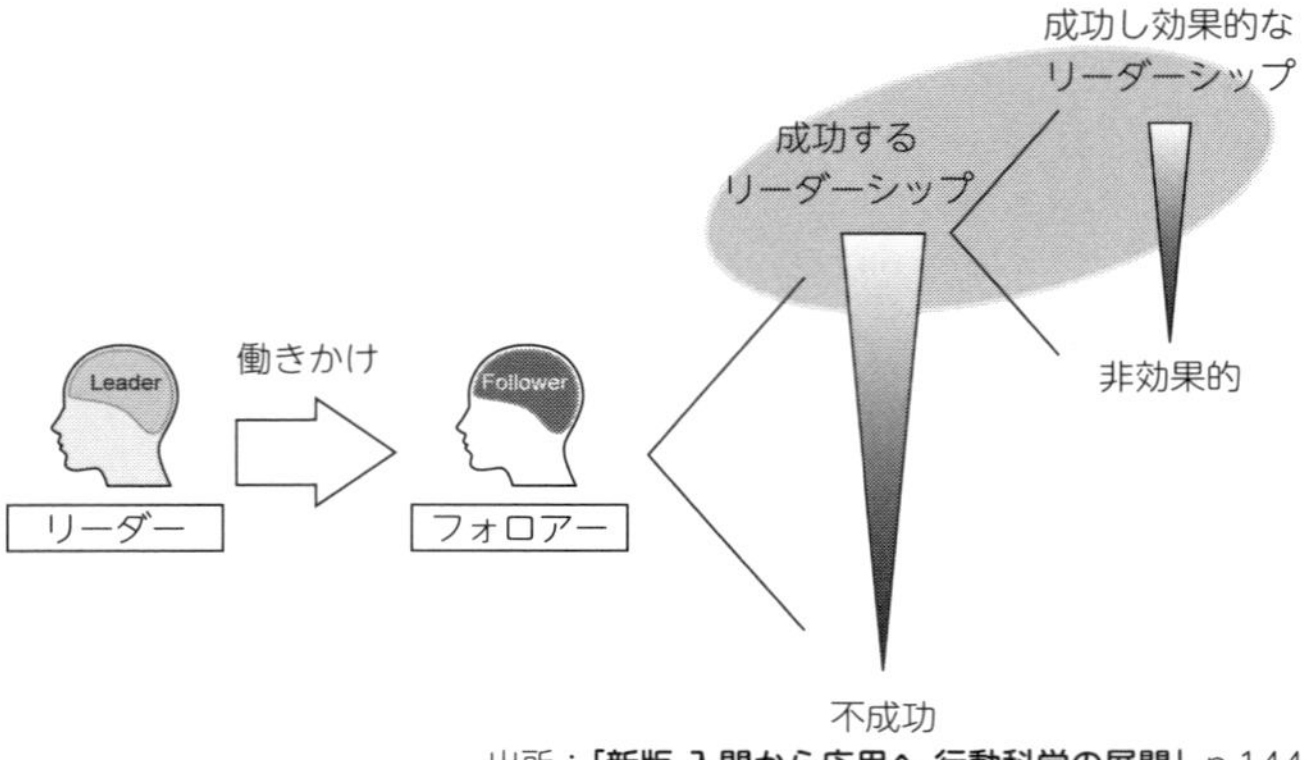

出所：**「新版 入門から応用へ 行動科学の展開」** p.144

の動機づけが欠かせないことがわかってもらえましたか。

フォロアーを動機づける。つまり、フォロアーの気持ちをくんで、一緒に頑張ろうと一体感を作り上げ、気持ちよく目標に向かうことは大切なことです。

フォロアーの心に働きかける

そして二つめのストーリーについてです。このケースは、気持ちよくみんなで結果を決めて向かうことが、リーダーシップであると谷中さんは考えていました。

先ほどX仮説・Y仮説を紹介しましたが、一般的には、「権威で押さえつける権威的リーダーシップ」と「一緒にやろうという一体感を作り上げる民主的リーダーシップ」としてこれらは区別されます。どちらが良い悪いではなく、軍隊や官僚組織のように権威的リーダーシップがうまくいく場合もあれば、チームワークが重視される活動では、民主的リーダーシップがうまくいくこともあります。

権威的であれ、民主的であれ、リーダーである以上、目標達成やフォロアーの育成に責任があるので、責任をとる覚悟があれば、どのリーダーシップをとるかはリーダーの自由です。

ところで、谷中さんはメンバーからおされて、それほどの覚悟もなくリーダーになったわけですが、谷中さんの目標達成に関する責任感はどうだったでしょうか。

膝を痛めた90キロを超える横川さんを、「たった一人のメンバーも置いて行きたくない、全員でゴールしよう、一緒に頑張ろう！」という気持ちで、交代で背負い、40キロを歩き続けることに多数決で決めました。

しかし、リーダーはそのための具体策を考えていたでしょうか。また、どのような結果になるか想像していたのでしょうか。

残念ながら、谷中さんのリーダーシップは「全員でゴールする」という目標を達成できなかったので「不成功」です。民主的なリーダーですが、このような結果を出せないリーダーのもとで、メンバーは働きたいと思わないものです。

権威的リーダーシップであれ、民主的リーダーシップであれ、いずれも「このリーダーのもとで働きたい」「このリーダーと一緒にやりたい」というようなフォロアーの心に働きかけるものがあります。フォロアーにもさまざまな人がいますので、なにが心に響くかは人それぞれではありますが——。

では、なにがフォロアーの動機づけになるのか、ここでいくつかご紹介します。

相手の欲求を満たす

動機づけは、人間の欲求に働きかけることからスタートします。そのためには相手がどのような欲求を持っているのかを知ることが重要です。

人間の欲求には、意識されているものと意識されていないものがあると言われており、氷山の一角の図表4で示されます。意識されている部分は小さく、大部分は意識されずにいると考えられています。

また、人間の欲求にはいくつかの段階があると言われています。

それが図表5の欲求には5段階あるという説(マズローの欲求5段階説)です。5段階とは「生存に必要な生理的欲求」「安全・安定を求める欲求」「社会や仲間と一緒にいたいという社会的欲求」「自分を認めてもらいたいという自我自尊の欲求」「自分の夢を実現したいという自己実現の欲求」です。

生理的欲求や安全・安定を求める欲求は低いレベルの欲求、自我自尊や自己実現の欲求は高いレベルの欲求などとも言われます。

自己実現の欲求が高い状態の人に、安全・安定を満たすような動機づけをしても、相手の心には響きません。逆に安全・安定を求める欲求が高い状態の人に「夢を追いかけよう！」などと働きかけても響かないことがわかっています。

欲求のレベルは、人間の成長や状況によって変わりますから、相手をよく見ておくことが大事になるのです。

また、低いレベルの欲求は、満たされても「不満」解消にしかすぎず、決して「満足感」を高めるものではなく、満足感を高めるのは高いレベルの欲求が満たされるときだけ、という指摘もあります。

衣食住を満たすのは不満解消にはいいのですが、

図表4　意識されている欲求は氷山の一角

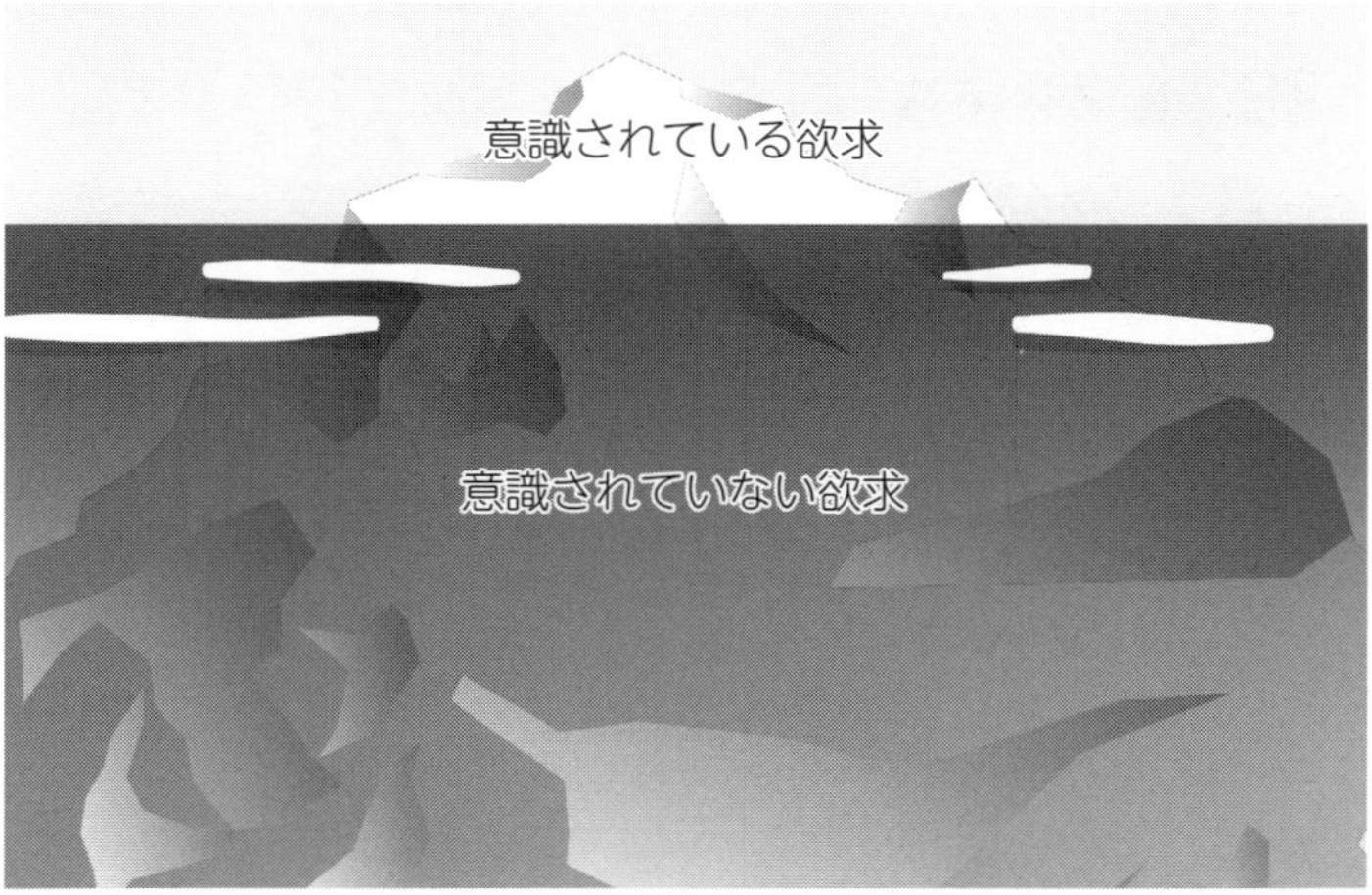

出所：「新版 入門から応用へ 行動科学の展開」p.26

それによって人は自己実現したくなることはありません。自己実現には、やりがいのある目標、期待感、達成感など、内面からパワーが湧き出てくるような動機づけが必要です。こういった高いレベルの欲求に対する動機づけを「動機づけ要因」と呼びます。不満解消のために低いレベルの欲求を満たす要因は、「環境要因（衛生要因）」などと呼ばれます（行動科学の展開76～77頁）。

では、谷中さんのチームのメンバーたちは、どの欲求レベルにいたのでしょうか。

「地獄のような苦しい訓練から早く卒業したい」「苦しい現状から解放されたい」と感じていたように読み取れます。解釈はさまざまだと思いますが、どちらかというと不満を解消したい低いレベルの欲求のように感じます。

このような欲求レベルでは、「自らチャレンジして期待感や達成感を感じたい」というより「不満要因を取り除いてもらい、リーダーに解決してもらいたい」という他律的な状態です。

このような状態では、効果的ではないかもしれませんが、

図表5 欲求の段階

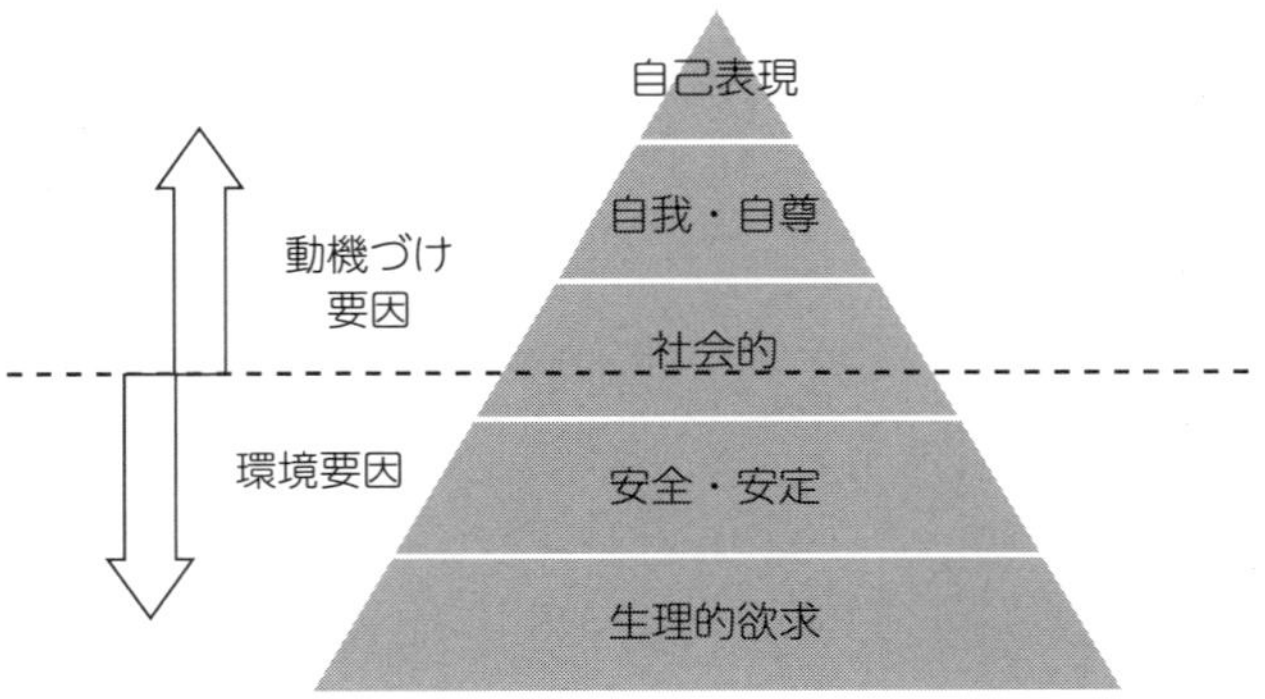

出所：「新版 入門から応用へ 行動科学の展開」p.44

民主的リーダーシップよりも権威的リーダーシップのほうが、結果を出して成功するかもしれないのです。

欲求によって効くパワーは違う

動機づけに重要なもう一つの考え方に、パワーがあります。

パワーは欲求の裏返しです。つまり、「こういう欲求があるから、そのパワーが効く」ということです。食欲がある人に対して、おいしいものをたくさん食べさせる人はパワーを持ちます。美人が好きな人に対して、美人はパワーを持ちます。

自己実現したい人には、自己実現させてくれる人がパワーを発揮します。たとえば、やりがいのある目標を一緒にやろうと誘ってくれる人、達成感を感じさせてくれる人、自分も「ああなりたい」と思わせてくれる人などは、パワーを持ちます。社会的欲求を持っている人には、一緒に気持ちよく活動してくれる人、一体感を感じさせてくれる人がパワーを持ちます。

パワーはパワーを発揮したい人が持っているものではなく、欲求を持っている相手が感じてくれるものです。自分がパワーを発揮しているつもりはなくても、周囲に人が集まったり、自分はパワーを発揮しているつもりなのに、だれもついて来なかったということもよくあります。

であれば、パワーの仕組みを知っていれば、リーダーシップに活用することができるのです。相手の欲求はこうかもしれないと感じたら、その欲求に応えるようなパワーを「**自分が持っているように見せかける工夫**」ができるからです。

パワーについてですが、大きく分けて「地位や権威を使うポジションパワー」「人間性や専門性で引き寄せるパーソナルパワー」の２種類があります。ちなみに、ポジションパワーは権威的リーダーシップに、パーソナルパワーは民主的リーダーシップに役立ちます。さらに、２種類のパワーを細かく分けると7種類あります。

パワーは欲求の裏返しだと言いましたが、低いレベルに効くパワーと高いレベルに効くパワーがあります。これらをまとめたものが、図表６です。

この図表６にあてはめるとわかるように、谷中さんのチームが他律的な低い欲求レベルだとしたら、アメとムチのようなポジションパワーが効くことがわかってきます。しかし、谷中さんは、最初から最後までポジションパワーを使わず、また、高い欲求レベルに効く山登りの情報力や専門力もあまり役に立たず、成功も効果性も満たされないものになってしまったのです。

さて、私たちのまわりには、たくさんのリーダーシップがあることに気づいてきたのではないでしょうか。ＰＡＲＴ２では、12のリーダーシップストーリーを考えるうえで、大前提となる状況対応リーダーシップ®と、その周辺の行動科学の考え方について紹介します。

図表6 パワーの種類

← パーソナルパワー　　　　ポジションパワー →

社会的	情報力	人格力	公権力	褒賞力	コネ力	規制力

← 自律的状態に効く　　　　他律的状態に効く →

出所：**「新版 入門から応用へ 行動科学の展開」** p.241 を元に作成

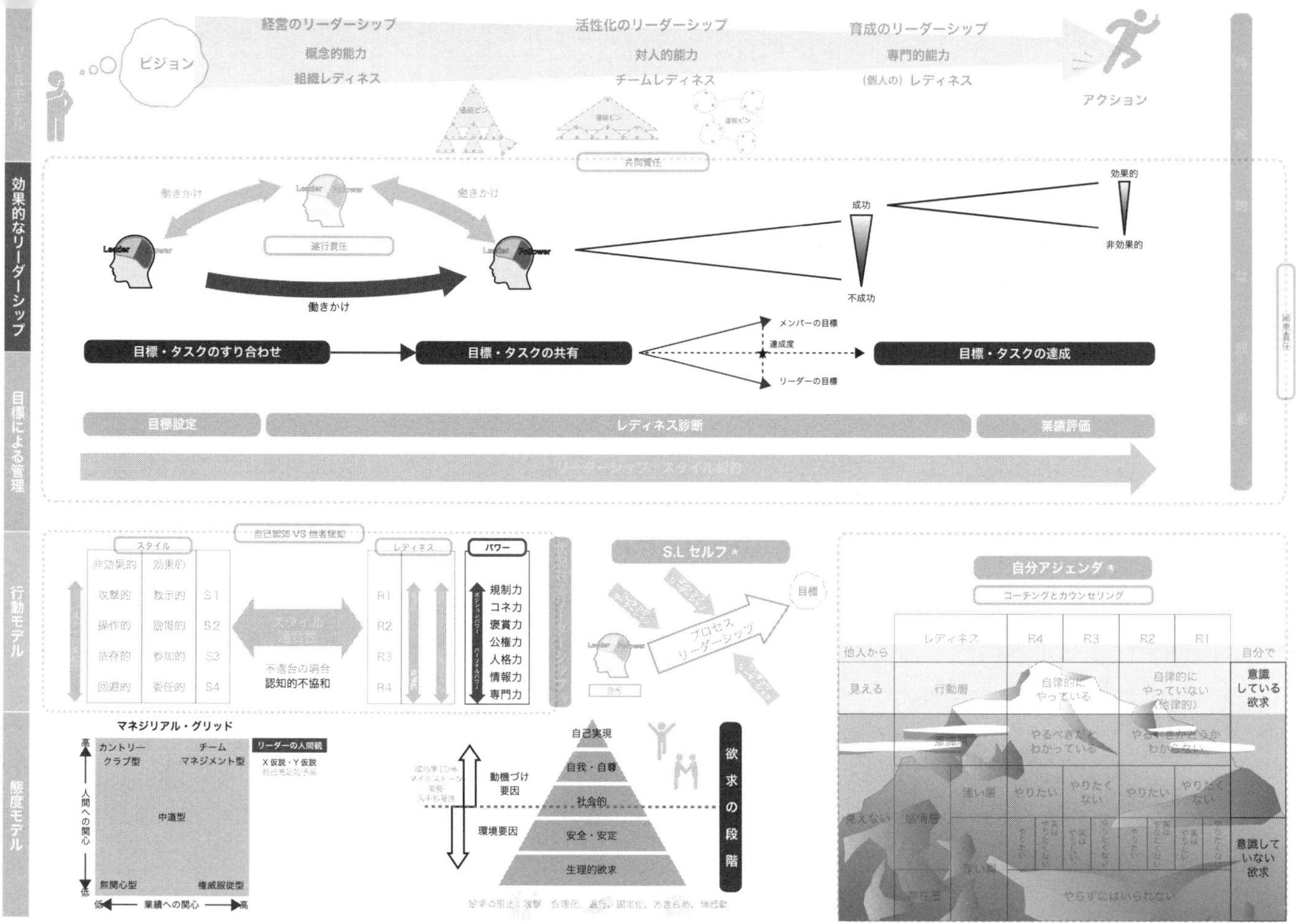
効果的なリーダーシップ
目標による管理
行動モデル
態度モデル
ビジョン
経営のリーダーシップ
概念的能力
組織レディネス
活性化のリーダーシップ
対人的能力
チームレディネス
育成のリーダーシップ
専門的能力
(個人の) レディネス
アクション
共同責任
働きかけ
遂行責任
働きかけ
働きかけ
成功
不成功
効果的
非効果的
目標・タスクのすり合わせ
目標・タスクの共有
メンバーの目標
達成度
リーダーの目標
目標・タスクの達成
目標設定
レディネス診断
業績評価
自己認知 VS 他者認知
スタイル
非効果的
効果的
攻撃的
教示的
S1
操作的
説得的
S2
依存的
参加的
S3
回避的
委任的
S4
不適合の場合
認知的不協和
レディネス
R1
R2
R3
R4
パワー
規制力
コネ力
褒賞力
公権力
人格力
情報力
専門力
S.L セルフ
目標
プロセス
リーダーシップ
自分アジェンダ
コーチングとカウンセリング
レディネス
R4
R3
R2
R1
他人から
自分で
見える
行動層
自律的に
やっている
自律的に
やっていない
(他律的)
意識
している
欲求
やるべきだと
わかっている
やるべきかどうか
わからない
浅い層
やりたい
やりたく
ない
やりたい
やりたく
ない
見えない
意識
していない
欲求
やらずにはいられない
マネジリアル・グリッド
高
カントリー
クラブ型
チーム
マネジメント型
中道型
無関心型
権威服従型
人間への関心
低
業績への関心
リーダーの人間観
X 仮説・Y 仮説
自己実現
自我・自尊
社会的
安全・安定
生理的欲求
動機づけ
要因
環境要因
欲
求
の
段
階

PART 2

リーダーシップの「共通言語」

「行動科学」と
「状況対応リーダーシップ®」を
どう使うか

行動科学の考え方

行動科学と状況対応リーダーシップ®を使って、チーム活動やコミュニケーションをより活発にし、タスクをスムーズに進めるための第一歩が、お互いにリーダーシップ共通言語を知ることです。

PART2は、本書の基礎となる理論編にあたります。リーダーシップストーリーをすべて読み終えてから、再度、読んでいただくことで理解が一層深まるようなつくりにしてあります。

覚えておきたいリーダーシップ共通言語

・タスク
・タスクのすり合わせ
・成功するリーダーシップと効果的なリーダーシップの違い
・レディネス
・適合スタイル
・指示的行動・協労的行動
・行動指標
・ポジションパワー
・パーソナルパワー
・結果責任と遂行責任

・役割期待・期待基準
・連結ピン
・概念化能力・対人的能力・専門的能力
・S.L.セルフ®
・成長サイクル・退行サイクル
・リーダーシップの一貫性

「相手に寄り添う」リーダーシップ

効果的なリーダーシップといっても、権威的もあり、民主的もあり、相手の欲求やそれに対する動機づけ、パワーといろいろな考え方が出てきました。これらは、過去40年にわたって研究されてきた行動科学の考え方のほんの一部です。

行動科学にはたくさんの研究成果がありますが、これらの理論や研究を一つにまとめて、簡単に使えるようにしたモデルがあります。それが状況対応リーダーシップ®モデル(「S.L.理論®」Situational Leadership®の略)です。

PART1で、「権威的リーダーシップ」「民主的リーダーシップ」など、リーダーの目線でリーダーシップを紹介してきました。しかし、リーダーシップは目標を掲げるリーダーと、メンバーやチームが一緒に活動して(協働)目標を達成することです。リーダー一人の目線だけでは足りず、メンバーやチームの目線も必要です。

そこで状況対応リーダーシップ®は、「レディネス」という概念を使って、メンバーやチームの目線をだれでも簡単に理解し、使えるようにしました。

なぜ「目標による管理」はうまくいかないのか

「目標による管理(Management by Objectives)」を耳にしたことがある方は多いかもしれません。ピーター・ドラッカーという著名な経営学者が提唱した手法です。これは目標を設定して、その目標を基準にして評価するという動機づけをねらったものです。

しかし、「残念ながら、〈目標による管理〉は、支持者や実際に応用した人々が期待していたほどには成功しなかった。……中略……ほとんどの〈目標による管理〉では、上司も部下も目標について合意することばかりに集中し、目標達成を促す上司の役割、つまり、上下間で〈話し合う〉ことには、ほとんど関心が向けられていないのである」(『目標による管理(MBO)と状況対応リーダーシップ®の活用』1頁)と、指摘されています。

上下間で話し合うことは、相手の目線に立つことです。そしてリーダーシップですから、目標を達成し、フォロアーを育成することが重要です。これを、相手に寄り添うリーダーシップととらえ、状況対応リーダーシップ®では、後述する「**リーダーシップ・スタイルの契約**」(79頁参照)を提案しています。

タスクを進める「レディネス」はできているか

リーダーシップの最初のステップは、タスクのすり合わせです。「こうする、こうして欲しい」という目標やタスクが、リーダーにもメンバーにも共有されたら、次のステップは、メンバーがその目標やタスクを進める準備ができているかを調べることです。

この「準備ができているかどうか」を知る手がかりが「レディネス」です。レディネス(readiness)は「Are you ready?(準備できていますか?)」の「ready」で、「その目標やタスクを進める準備はできていますか?」という意味です。

レディネスは「能力」と「確信・意欲」が高いか、低いかの組み合わせで診断します。

レディネス診断の方法はいくつかありますが、診断しやすい方法として次のステップがあります。

■まず、一人でタスクを進めているかをチェック。

・進めていれば自律的(R3かR4)

図表7 レディネス

1人で進められる 自律的 ← → 1人では進められない 他律的

	R4	R3	R2	R1
能力	高い		低い	
確信 意欲	高い	低い	高い	低い

出所：**「新版 入門から応用へ 行動科学の展開」** p.192

・進められなければ他律的（R1かR2）

■次にチェックすることは、確信や意欲を持って進めているか？

・自律的に確信を持ってやっていればR4
・自律的だけど不安があればR3
・他律的だけど意欲があればR2
・他律的で不安があればR1

レディネスを診断する場合、「あの人ならきっとできる」「やる気になればきっとできる」は禁物です。レディネスは、**目の前で実際にできているときだけ**「能力が高い」や「確信・意欲が高い」と診断します。

「きっとできるだろう」という想像でレディネスを高いと診断すると、できなかった場合、相手に責任転嫁をしてしまうかもしれません。できなかったときの責任をだれがとるのかという問題がおきてしまいます。また「過去できていたから、きっとできるだろう」ということも「現在なんらかの理由でできないのかもしれない」というのもリスクがあります。

「他のことではベテランだから、これもできるだろう」というのもよく聞きますが、タスクが異なればレディネスも変わります。仕事がバリバリできるキャリアウーマンが、家庭で料理や掃除が得意かどうかはわかりません。仕事はできるけど、料理や掃除は下手……というのは、よくある話です。

そして「確信・意欲」の意欲は、よく興味や熱意などと混同されますが、レディネスの意欲は「タスクを進めるうえでの自信」「コミットメント」「やり遂げようという動機」です。「楽しそうだから、おもしろそうだからやってみたい」という漠然とした意欲ではなく、「やり遂げる責任（遂行責任）」について「自信があるか」「コミットするか」「動機づけされているか」という意欲です。

たとえば、よく例に出されるのが新入社員の行動についてです。新入社員は、入社当時、新しいチャレンジに対して期待が大きいからでしょう。「はい、なんでもやります！」と言いますが、この状態を「確信・意欲が高い」と診断してしまうと、新入社員は「自分は評価されているんだ！」と勘違いしてしまいます。

まだやり方も知らないし、やったこともないこと、つまり「なにをどうすればいいか」「結果としてなにが求められているか」などはわかっていません。そうなると、最後までやり遂げる自信もコミットメントも動機も低いことになります。

これではレディネスが高いとは、なかなか言えません。

レディネスは、目の前で実証された能力と確信・意欲をもとにして診断するのが重要ポイントです。そうでなければ、レディネスを高く診断したリーダーが、後始末をすることになります。

このレディネスの考え方の基本から言えば、ＳＴＯＲＹ3の鈴木課長は、部下の木村さんがなかなか営業に出かけようとせず、ぼーっとしていたり、遅刻や欠席がめだつようになっているという現実が目の前にあったにもかかわらず、様子を見ようとしてしまいませんでした。

鈴木課長がレディネス診断のステップを踏むとすると、どうなるのでしょう。まず、

・木村さんは一人で営業に出かけているか？

↓出かけていれば自律的（R3かR4）

↓出かけていなければ他律的（R1かR2）

この場合、出かけていないので他律的ということになります。次にチェックすることは、
・確信や意欲を持って進めているか？
↓他律的だけど意欲がある（R2）
↓他律的で不安がある（R1）
この場合、不安そうなのでR1ということになります。
つまり、木村さんは「能力も確信・意欲も低い」なのです。その結果、木村さんは休職してしまい、戻ってきたときには、営業一課チーム全体がおかしくなっていました。

他律的で不安を抱える人へどう対応するか？

では、鈴木課長や伊藤係長は、木村さんに対してどのようにすればよかったのでしょうか？

目の前で実証されている「レディネス」が高いのか、中程度なのか、低いのかがわかったら、次はレディネスにあった「リーダーシップ・スタイル」がなんであるかを判断します。

リーダーシップには、次の二つの軸となる行動があります。
・指示的行動
・協労的行動
指示的行動は、「いつ」「だれが」「なにを」「どこで」「どのように」すべきか、タスクを進める方法を細かく丁寧に伝える行動です。協労的行動は、双方向のコミュニケーションです。励ましたり、なぜ

に答えたり(言葉や会話)、笑顔やスキンシップ(ボディランゲージ)などの行動、あるいは目に見える行動ではなくても、見守りや気配りといった、いたわりの気持ちを指します。

この二つの行動の組み合わせから、四つのリーダーシップ・スタイルが示されます。

・**S1**(教示的スタイル:指示的行動が多く、協労的行動が少ない)タスクのやり方を細かく丁寧に伝えることが主な行動。まだ質問できるほどの知識や経験がないので、双方向コミュニケーションは少ない。

・**S2**(説得的スタイル:指示的行動も協労的行動も多い)タスクのやり方を細かく丁寧に伝え、なぜや質問に答え、双方向コミュニケーションをとる。

・**S3**(参加的スタイル:指示的行動は少なく協労的行動は多い)一緒に取り組んだり、必要なときにサポートしたり、双方向コミュニケーションを多くとる。

・**S4**(委任的スタイル:指示的行動も協労的行動も少ない)任せて見守る。タスクについても双方向コミュニケーションについても少ない。

そして、それぞれのレディネスに適合するリーダーシップ・スタイルは次頁の図表8の組み合わせとなります。

それでは木村さんの例で、レディネスを考えてみましょう。

このレディネス診断には、正解はありません。より正確なレディネス診断をしたい場合は、相手の行動をよく見て、相手の気持ちに注意を向けること、わからなければ相手に聞くことです。レディネス診断を間違ったと気づいたら、すぐに修正することが大事です。

自信や意欲は、ちょっとしたことで上がったり下がったりします。たとえば、「夫婦喧嘩をした」「傷

図表8　適合スタイル

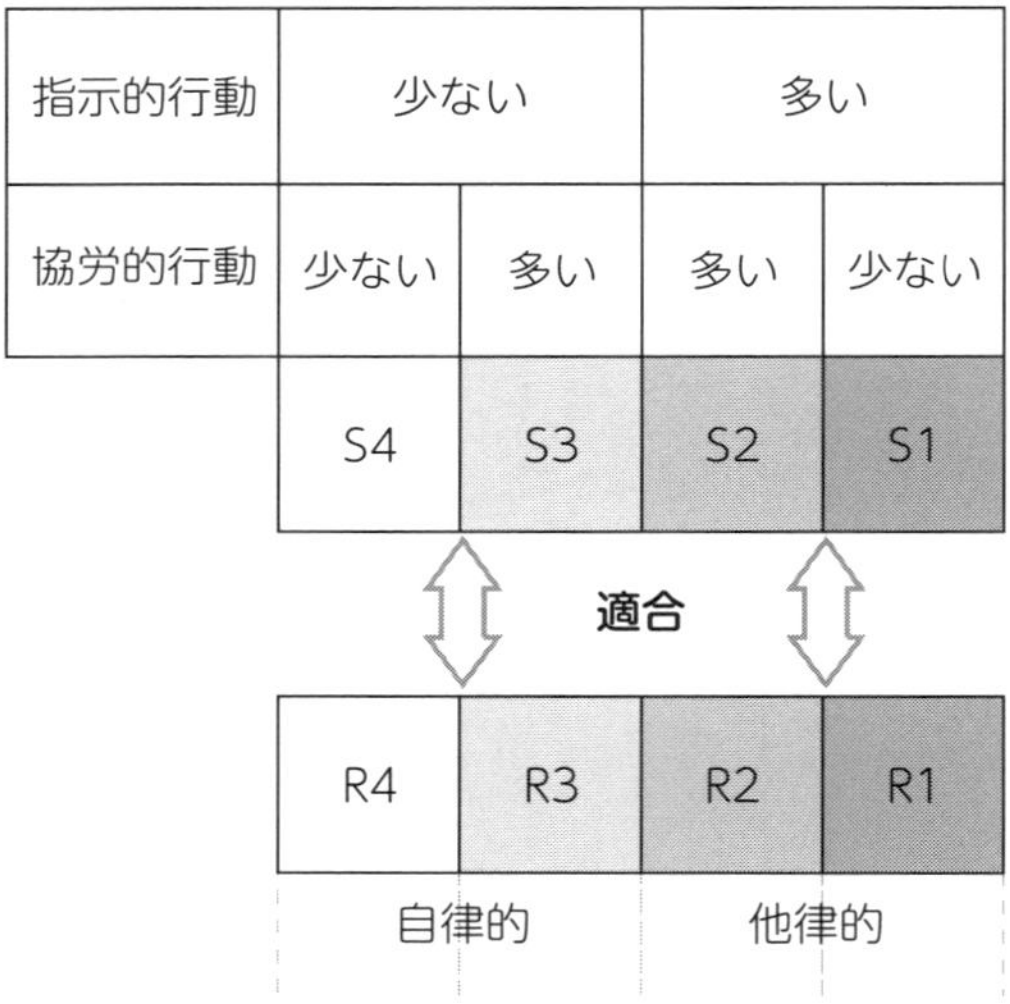

出所：**「新版 入門から応用へ 行動科学の展開」** p.197 を元に作成

つく一言を言われた」「テストの点数が悪かった」「数日やる気が起こらない」こともあるかもしれません。レディネス診断は評価ではないので、じっくりゆっくり行うのではなく、とっさの自信喪失や意欲減退にも対応できるように相手の行動や気持ちに関心を持っていることが大事です。

ところで鈴木課長が期待している木村さんのタスクは、「一人前に営業活動すること」だと推測できます。タスクは、具体的にとらえればとらえるほど、レディネス診断も正確になります。この場合の「一人前の営業活動」とは、「自分の担当先に一人で営業に行き、目標数字を上げること」であるととらえます。

木村さんのこのタスクに対するレディネスは、次のように変化したと推測できます。

①まだ自分の担当先はなく、ＯＪＴを受けている状態。営業ノウハウも不十分で、一人でやり遂げる自信もありません。

↓Ｒ１：他律的で不安

②まだ自分の担当先はないけれど、ＯＪＴも終わり、やる気が出ています。

↓Ｒ２：他律的だけど意欲がある

③自分の担当先があり、鈴木課長に同行してもらいました。鈴木課長がそばにいてくれたので、自分の意見を述べることができました。しかし、まだ一人で行くとなると、どんな質問をされるか、答えられるのか自信がありません。

↓Ｒ３：自律的だけど不安

④自分の担当先があり、一人で営業活動をして目標数字を上げることができます。

↓Ｒ４：自律的で確信がある

実際の木村さんは、Ｒ３レベルまでいったかのように見えますが、休職し、復職後も一人前のタスクを期待されず、Ｒ１まで下がってしまいました。

木村さんの場合、どのようなリーダーシップ・スタイルがレディネスにあっていたのでしょうか。指示的行動は能力を高めるためのリーダー行動で、**知識・経験・スキル**を高めることがねらいです。協労的行動（傾聴し、支援し、励ますなど相手の行動を促進させようとしてリーダーが行う双方向的疎通努力）は確信・意欲を高めるためのリーダー行動で、**自信・コミットメント・動機**を高めることがねらいです。

その視点で、鈴木課長ができるリーダーシップを考えてみましょう。

・まず、営業ノウハウを一つひとつ教え、実際に営業している模範を見せたりして、まず、知識を身につけてもらいます。

↓S1（教示的：指示的行動が多く、協労的行動は少ない）

・営業ノウハウをひと通り学んだら、模擬演習などで実際にやってもらい、経験やスキルを積んでもらいます。実際にやってみることで湧いてくる「なぜ？」や、やり方の質問に答えます。

↓S2（説得的：指示的行動も協労的行動も多い）

・タスクの進め方については、もうほとんど教えませんが、自律的に移行する重要な時期なので、サポートがあるという安心感、やればできるという自信、やり遂げる覚悟（コミットメント）などを感じてもらえるよう下支えをします。

↓S3（参加的：指示的行動は少なく、協労的行動が多い）

・自律的にタスクを進められる状態なので、最低限必要な指示だけ行い、任せて見守ります。

↓S4（委任的：指示的行動も協労的行動も少ない）

このようにレディネスのレベルに応じて、リーダーシップ・スタイルを変えます。くり返しになりますが、レディネス診断に正解はありません。間違えてもすぐに修正して、次の行動をとればいいのです。

もっとも確実な方法は、相手に尋ねることです。「（営業ノウハウのリストを見せながら）、必要なやり方はわかったか？」「一人で担当先に行かれるか？　同行が必要か？」など、相手のレディネス（能力や確信・意欲）の度合いを尋ねる質問をするのです。こういった質問をすることで、鈴木課長は自分のリーダーシップの量が足りているのか不足しているのかを確認することができます。これを「他者認知」と呼びます。

鈴木課長が木村さんのレディネスを一方的に診断し、一方的にリーダーシップ・スタイルを決めたとしたら、それは「自己認知」だけということになり、独りよがりなリーダーシップになってしまいます。

相手のレディネスにあわせてどの程度、臨機応変にスタイルを変えられるかは、「スタイル柔軟性」と呼ばれ、状況対応リーダーシップ®では一つめの重要なコミュニケーション（伝達）能力になります。次に重要なコミュニケーション能力は、変えたスタイルがどの程度、相手のレディネスにあっているかを示す「スタイル適合性」が高いことです。

能力はそうそう変わりませんが、自信や意欲は瞬時に変わります。能力ですら、一気にR４からR１に下がってしまうことがあります。

たとえば、大事な人を亡くした場合、頭が真っ白になり、悲しい気持ちでいっぱいになります。それまでR４でできていたタスクにも関心が向かなくなり、なにも手がつけられなくなります。「もともとはできたのに、やればできるのに」というように、タスクが全然進まなくなります。これがレディネスです。

重要なことは、**「タスクが進んでいるかどうか（パフォーマンス）」**であって、「やればできるのに」という期待や推測ではありません。目の前で実際にやっている証明がなければ、能力が高いとか確信・意欲が高いとは診断しません。

逆にレディネスが低くても、評価ではないので、そのときの自分は能力が足りなかった、自信がなかった、意欲が下がっていたと思うだけでよいのです。そして「どうすればいいか」に視点を変えて、未来を見ていけばいいことになります。

木村さんは、一人前の営業マンとしてスタートしたときから尻込みをしていました。他律的状態から自律的状態に移行するのは、R２からR３へ移行することであり、リーダーシップ・スタイルを「S２からS３」へ変更することです。これは非常にむずかしいステップだと言われています。

タスクの進め方もコミュニケーションも多くとってもらい、安心した状態（R２）から自律的に進める不安な状態（R３）に至らせるには、相手の確信・意欲を十分に育てる双方向コミュニケーションが必要（S３）になります。

伊藤係長も鈴木課長もＯＪＴ終了後、「さぁ、そろそろ始めてくれ」と急き立てたり、どのように接していいのかわからず「しばらく様子を見よう」と放置しており、木村さんから見ればS４がとられていたのです。

Column

うちの会社のすごい人

いつでも、どこでも相手の立場で行動できるRさん

とにかくRさんはすごい人なんです。

Rさんがフロアの中央で手をあげて『おーい、みんな来てくれ』と全体に声をかけると、100人ほどのフロアの全員が集まってくるんです。

日常の職場で日々やっていたことはなにか。

Rさんのところに行き、『ちょっとよろしいですか？』と声をかけると、『おっ！　どうした？』と言ってパソコンのキーボードから手を離し、自分の椅子を回してこちらを向いてくれる。決してパソコンの画面を見ながら話を聞くなんてことはないんです。必ず椅子を回して体を向けてくれます。

こちらの声に緊急度が感じられると、『どうした！』と言って立ち上がり、『わかった！　5分待ってくれ、このメールを処理したら話を聞くから！』と自分の仕事に期限を設定する。やりかけの仕事にきりをつけて、こちらの話を聞いてくれます。そう言えば、彼の机の横には折りたたみの椅子が置いてありました。

「私のレディネスはR……」と状況対応リーダーシップ®を使う

なにかがうまく行っていないときに、**レディネスのすり合わせ**を行うことも一つの方法です。

もう一度、STORY[1]に戻って説明することにしましょう。

たとえばです。由美さんが山口部長に対して、「私のこのタスクに対するレディネスはR3だと思いますが、山口部長はどう診断されますか?」と尋ねたとしたらどうなるでしょうか。

山口部長が「R2だと思うわ。なぜなら……」と答えれば、タスクについて具体的で建設的な話し合いがスタートするかもしれません。

たとえば同じタスクに対して由美さんがR3(自律的)だと感じ、山口部長がR2(他律的)だと感じているとすれば、「一人でできているかどうか」という能力のとら

図表9 期待基準を示す

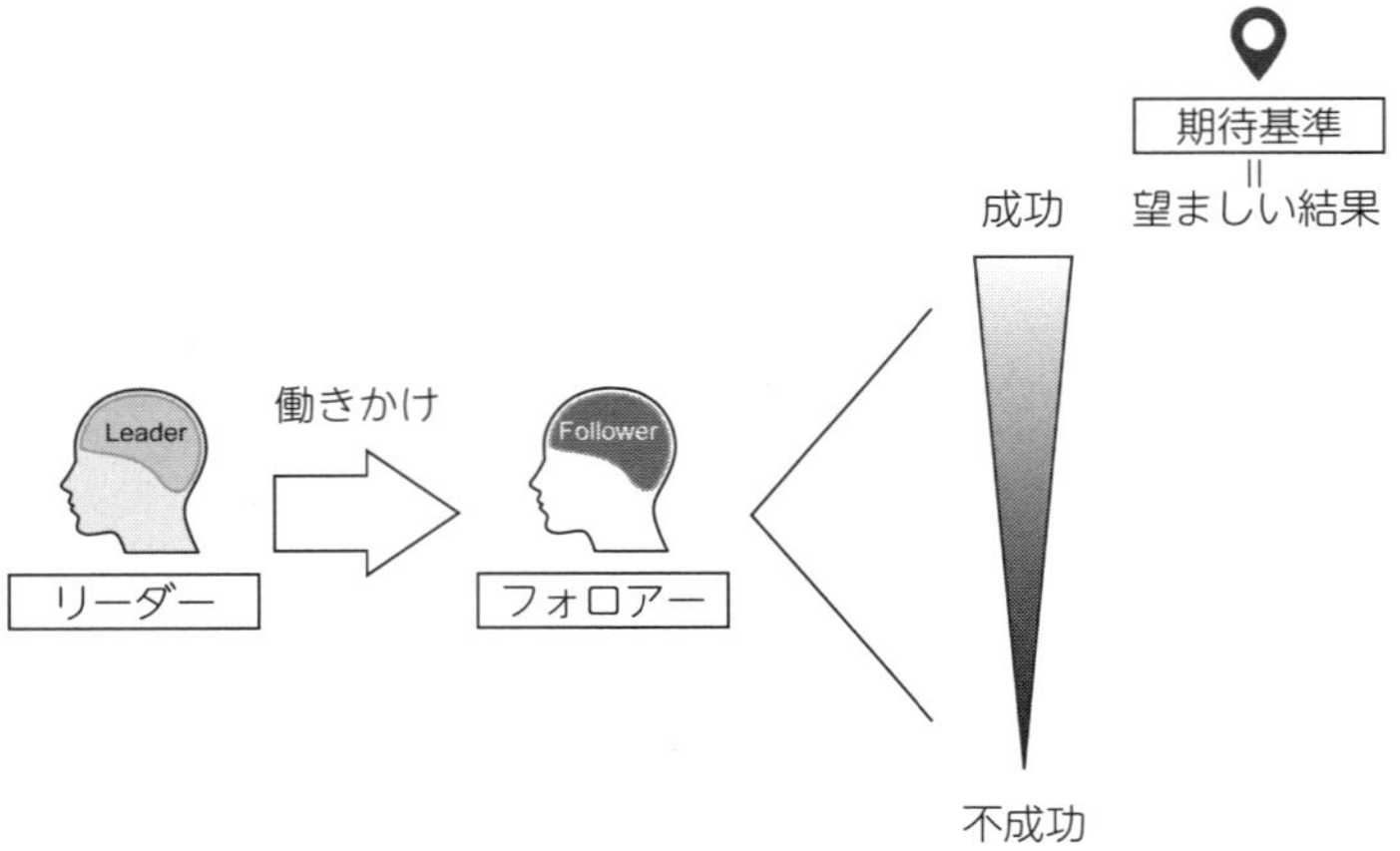

え方が異なってきます。

山口部長は由美さんが、まだ上司の指示なしではできないものの意欲はあると感じています。一方、由美さんは自律的にできるけれど、まだちょっと不安があると感じていることになるのです。このようにレディネスにズレが生じるということは、「最終的にどうなっていればいいか」という期待基準にもズレがあると考える必要があります。

期待基準とは「望ましい結果」です。たとえば、「由美さんが手伝わなくても、スタッフは指示通り動いている」「○○という成果をあげている」というのは、山口部長が期待している成果です。実際にそうなっていれば、山口部長から見て、由美さんは高レディネスになります。

タスクをすり合わせるときは、「望ましい結果はこうである」という具体的な姿にまで、お互いが理解しておくと、その後のタスクはスムーズに進めることができます。

リーダーシップの成功率を上げる四つの能力

状況対応リーダーシップ®は、「なぜフォロアーがそんな行動をとるのか」を考えたり、説明する理論ではありません。「自律的なフォロアーを育てるリーダーシップの成功率を上げる」ための**行動モデル**です（行動科学の展開 186頁）。

というのも過去40年にわたって実際にうまくいったリーダーシップを調べたところ、「S1（教示的）」「S2（説得的）」「S3（参加的）」「S4（委任的）」という四つのスタイルが導き出されました。理由はどうあれ、こうすればリーダーシップの成功率があがることを経験的に示す行動モデルなのです。

ちなみに、マネジリアル・グリッドや欲求の5段階のように心構えや欲求といった見えないものを扱うモデルは態度モデルと呼ばれます。

状況対応リーダーシップ®を実践するためには、以下の四つの基本能力が必要です。（行動科学の展開10頁、「SITUATIONAL LEADERSHIP®」11頁）

・**診断能力**：知的に考える能力。「問題＝望ましい将来－現状」として、現状や将来を見通せる能力です。この問題をどう解決するかに、次の二つの能力が必要になります。

・**適応能力**：行動する能力。「望ましい将来」と「現状」の差を縮めるために、自分の行動と必要なリソースを状況に適合させる能力です。

・**伝達能力**：（コミュニケーション）処理する能力。診断能力や適応能力の次に必要な、相手が理解でき、受け入れられるよう伝達する能力です。

・**育成能力**：変化させる能力。現状維持ではなく、相手の能力や意欲を高める能力です。

それぞれのステップは以下の通りです。（行動科学の展開　３６６～３７３頁）

診断能力：レディネス（能力・意欲）を診断する能力

・タスクはなにか？

・期待されている行動は具体的にどのようなものか？（行動指標）

・タスクのすり合わせをする

・タスクと行動指標を使って、レディネス診断する

適応能力：リーダーシップ行動計画を立てる（自己診断と他人診断を活用）

・レディネスから最適リーダーシップ・スタイルを決める

・最適なリーダーシップ・スタイルはどのような行動か？

・必要なパワーベース（支持基盤）はなにか？

いかがでしょうか？　ここまでは診断能力と適応能力について、詳しく紹介してきました。

適応能力については、レディネス診断、適合するリーダーシップ・スタイルの決定、レディネスに効くパワーの活用というステップを踏みますが、どの場合も「**フォロアーの感じ方**」が重要です。リーダーが一方的に感じるレディネスやスタイルやパワーではなく、相手が感じるレディネス、スタイル、パワーをすりあわせることが重要です。

伝達能力：コミュニケーションで気をつけること

・「スタイル柔軟性」や「スタイル適合性」はどうか？

・効果的なリーダーシップ（促進的言動）か、非効果的なリーダーシップ（障害的言動）か？

・フォロアーからフィードバックをもらう

・コーチ・チェックリストを利用する

診断能力はレディネスを診断すること、適応能力はリーダーシップ・スタイルを決定することです。

伝達能力は、最適なリーダーシップ・スタイルというカタチを見つけたうえで、相手が受け入れたくなるように効果的に伝達することです。受け入れたくなるようなコミュニケーション（伝達方法）でなけれ

ば、相手は動機づけされません。

リーダーシップの成功率を上げるために必要な最後の能力は育成能力です。状況対応リーダーシップ®では、リーダーの役割として、「目標達成」と「フォロアーの育成」という二つの大きな柱を掲げています。従来は、診断能力、適応能力、伝達能力の三つの能力を必要能力リストに挙げていましたが、フォロアーの育成を強調するために、四つめの育成能力がリストに加えられました。

フォロアーがどう感じ、どう行動し、どう成長するのか、停滞してしまうのか、退行してしまうのか、どうフォロアーを育成するのかという能力がリーダーシップの成功率に大きな影響を与えるのです。育成能力については、後述の「成長サイクルと退行サイクル(179頁)」で詳しく解説します。

育成能力：レディネスは成長しているか、停滞しているか、退行しているか？

・リーダーシップ・スタイル(類型)契約について話し合う

・成長か、停滞か、退行か？

そこで次に、せっかく適合スタイルを選んだのに非効果的なリーダーシップになってしまう場合について考えてみましょう。

なぜ非効果的なリーダーシップは起こるのか

スタイルがレディネスに適合していても、非効果的なリーダーシップになってしまうことがあります。

リーダーシップの役割は、チームや組織の目標を達成することと、メンバーたちの育成と言われています。しかし、リーダーが自分の利益だけを考え、自分の主張や思惑や気分を中心にしたり、自分を守ることを優先させたりしてリーダーシップをとってしまうことがあります。そのような場合、どのような状況になるのか、考えてみましょう。

次の図表10は、リーダーシップにおける障害的な言動（言葉や行動）を示したものです。

R1に対して「指示的行動が多く協労的行動が少ない」というS1（教示的スタイル）は適合スタイルであり、一方向的にやり方を伝える行動のことです。しかし、その伝え方が自分の優位性を示すために、怒鳴ったり、攻撃的になると非効果的になります。

図表10　障害的言動になってしまう場合

促進的言動	障害的言動	障害的言動の例
S1（教示的）	攻撃的	攻撃する、批判する、個人的に責める、支配する、悪口をいう
S2（説得的）	操作的	操作する、しゃべり散らす、質問のふりをして意見をいう、勝手な解釈をする、情報制限をする
S3（参加的）	依存的	依存する、何にでも賛成する、冗談めかして決定や結論を避ける、同情を求める、無価値、諦め、無力を言い立てる
S4（委任的）	回避的	回避する、心理的に引きこもる、行動として引きこもる、退屈を示す、グループから離れる

出所：**「新版 入門から応用へ 行動科学の展開」** p.350～357を元に作成

また、R３に対して「指示的行動が少なく協労的行動が多い」というS３（参加的スタイル）は最適なカタチであり、後ろから支えるようなサポートが主となります。しかし、リーダーがたくさんの双方向コミュニケーションをとっていたとしても、冗談ばかりで前に進まなかったり、否定的意見ばかりだとすれば非効果的です。

このような非効果的な行動は、効果的なリーダーシップの促進的言動に対して、障害的言動と呼ばれます（行動科学の展開 ３４９頁）。

リーダーは、目標達成とフォロアーの育成をめざしてリーダーシップをとることで、このような障害的言動を避けることができます。

リーダーシップ実践の本質

最後の育成能力ですが、その前にリーダーやマネジャー、リーダーシップやマネジメント、これらの違いについて考えてみましょう。

状況対応リーダーシップ®では、「目標を果たすのがリーダーシップ、組織目標を果たすのがマネジメント」だと定義しています。その意味では、図表11のように、あらゆる「働きかけ」となるリーダーシップは、組織目標を果たすための働きかけのマネジメントよりも大きな概念であるというとらえ方です。

「マネジャーは物事を正しく行い、リーダーは正しいことを行う」と言われますが（行動科学の展開 ７頁）、この表現が両者の違いをよく表しています。

マネジャーは組織目標のような与えられた目標を「正しく行うこと」が求められます。リーダーは「正しいこと」を探し出すこと、そして創りだすことを求められます。つまり、正しい目標を見つけ出すこと、創りだすことが必要とされているのです。

なにが「正しい目標」かどうかは、そのとき、その場所、その状況によって異なり、立場によっても異なります。また、後世になってやっと正しかった、間違っていたとわかることもあります。永遠で絶対に正しい目標など、人間は見つけたり、創りだしたりすることはできません。

リーダーにとって重要なことは「正しいと信じること、善いと信じること」、それも自分にとってだけではなく、一緒に進むメンバーたちやチーム全体にとって「なにが正しいのか、なにが善いのか」を考え、判断する力だと考えられます。

詳しくはPART4で、「与えられた目標」ではなく「目標を探し出す」あるいは「創りだすリーダーシップ」について考えていきます。

図表11 リーダーシップとマネジメント

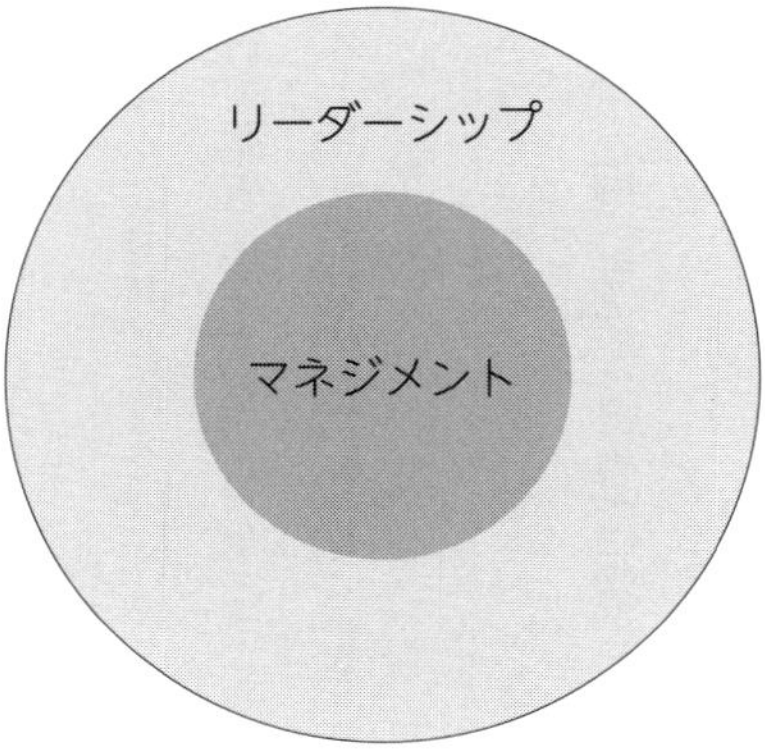

リーダーには道筋を助ける役割がある

「リーダーの役割には、フォロアーが目標を達成するまでの経路を補う」という考え方があります（行動科学の展開 123～126頁）。リーダーは、フォロアーが目標を達成できるまで（経路、道筋）、やり方がわからなければやり方を教え、不安を持っていればそれを取り除く。そして、フォロアーが成功するよう導くことが役割だとしています。

たとえば、フォロアーが自信を失っていれば、リーダーは成果が出るように励ます支援的なリーダーシップをとる。フォロアーの仕事振りがあいまいであれば、仕事と褒賞を明確にするといった指示的なリーダーシップをとる。フォロアーがチャレンジに欠けた仕事振りを示していれば、高い目標を設定する達成指向的なリーダーシップをとるなどです。

ＳＴＯＲＹ③の鈴木課長の例で言えば、ＯＪＴを通してやり方はわかっています。ですから木村さんが確信・自信を持って一人で営業活動ができるようにサポートする多くの協労的行動が、必要な道筋（経路）だったということになります（Ｒ３）。

「リーダーの責任」と「フォロアーの責任」は違う

リーダーの責任とフォロアーの責任について考えてみましょう。「リーダーシップの働き」（44頁）の図表を思い出してください。

「リーダーは成功か効果的かという結果責任を負い、フォロアーはリーダーと合意したタスクを進める遂行責任がある」と言います。

リーダーには、「目標を設定して、目標を達成する責任（成功であれ効果的であれ）」がありますが、これを結果責任と言います。成功するか失敗するか、効果的か非効果的かは、リーダーが最終的な責任をとるということです。

目標を達成するためのタスクは複数ありますが、フォロアーは担当するタスクを進める責任があります。どの程度自律的に進めるかはレディネスによって異なり、レディネスが低ければリーダーのサポートを得ながら、また、レディネスが高ければ最後まで自律的にやり遂げるといったように、遂行責任があります。

レディネス診断は評価ではない

レディネスのすり合わせの際に、注意すべきことは、**レディネス診断と評価は違う**という点です。評価とは、ある

図表12　結果責任と遂行責任

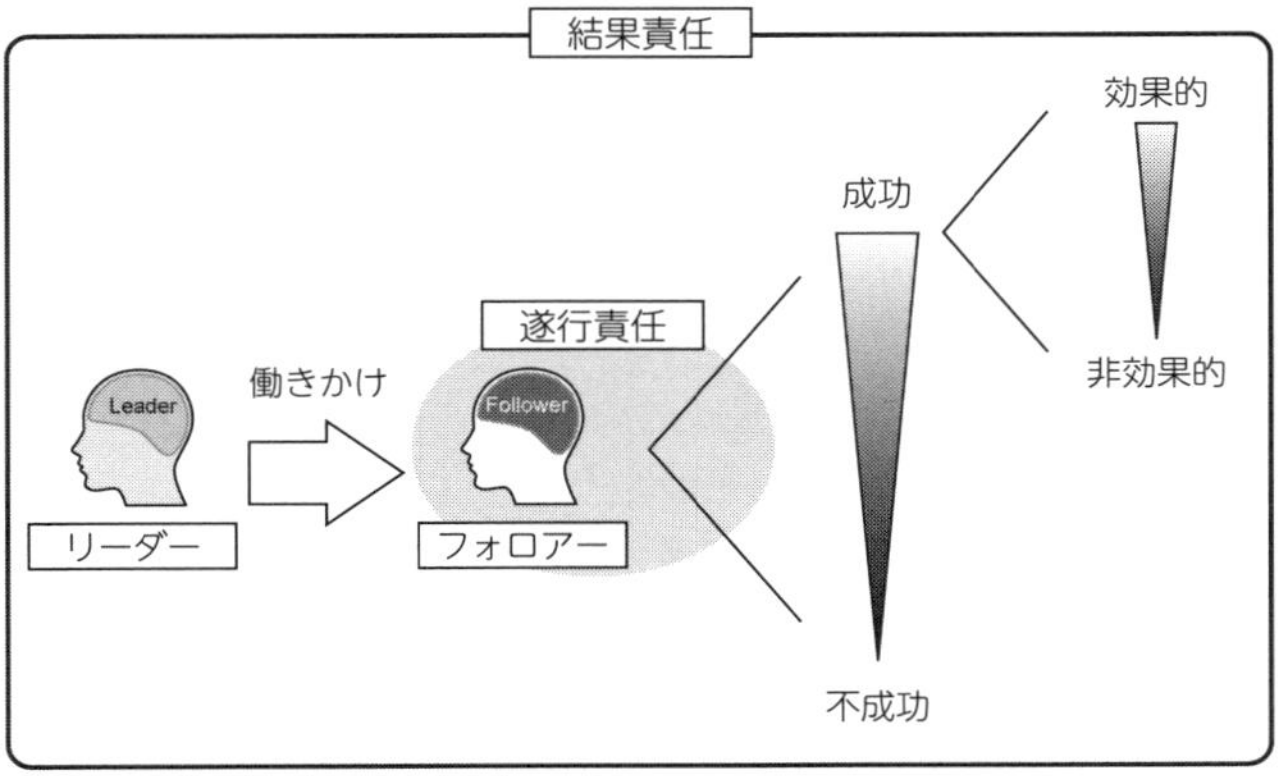

一定の時期を区切って、ものごとの良し悪しを決めることです。

学校からもらう通信簿、試験の点数、職場での人事考課や業績評価などです。評価には正解があって、良い悪いがあります。

レディネス診断は、良い悪いがないので評価ではありません。レディネスは気分で高くなったり低くなったり、タスクが変わるごとにコロコロ変わります。

ですから、ある一定の時期を区切って、そのときだけのレディネスを診断することには、あまり意味がありません。

レディネス診断は、相手が成果を出すために何が足りないのか、なにをサポートすればいいのかを知るためのものです。

リーダーシップとレディネスには、共同責任という考え方があるのです。

タスクの遂行責任はフォロアーにあり、タスクの結果責任はリーダーにあります。たとえば、営業一課の木村さんには、「一人で営業に行き、売上を達成すること」という

図表13 共同責任

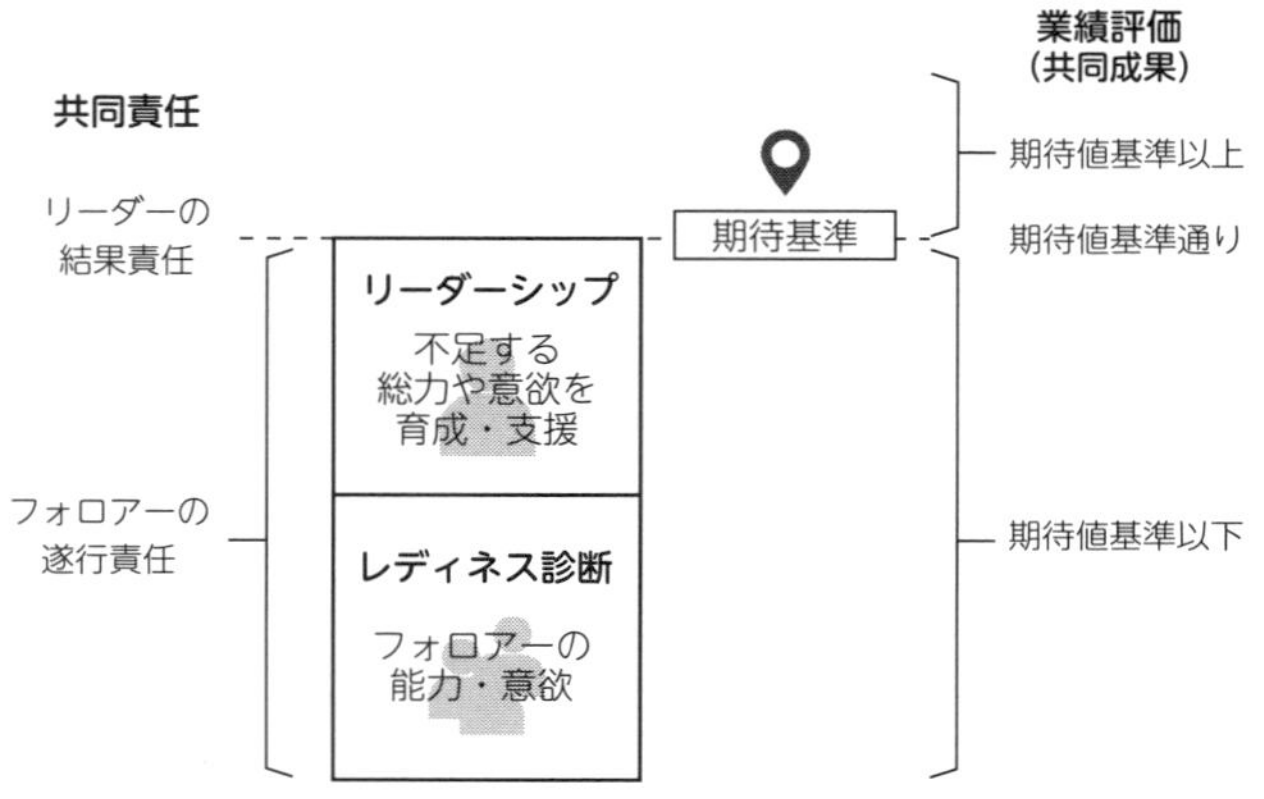

タスクがあります。このタスクを進める責任（遂行責任）は木村さんにあり、タスクを達成させる責任（結果責任）は木村さんの上司にあります。

結果責任を担う人は、「リーダーシップの働き」の図表（44頁）にあるように、フォロアーを動機づけ、成功させ、効果的にする必要があります。木村さんもタスクに合意した以上、遂行責任があります。

木村さんがタスクをやり遂げ、成果をあげられるように責任をとる（結果責任）のは、木村さんの上司です。木村さんがタスクを果たせなかった（売上達成できなかった）場合、その責任は木村さんと上司の共同責任となります。

共同責任の考え方は職場だけではなく、リーダーシップがある限り、どのような場面でも起こります。たとえば、授業についていけず落ちこぼれてしまったA君がいるとしましょう。A君のタスクは「授業で学習している内容を理解すること」「テストで合格点をとること、宿題を期日までに提出すること」など、だれでも学校で経験していることです。

義務教育の場合、これらのタスクにA君を動機づけること、あるいは合意をとりつけることからのスタートです。いったん合意をとりつければ、これらのタスクを進める責任（遂行責任）はA君にあります。A君がタスクを果たせなかった場合、その責任は先生とA君の共同責任になるのです。

「リーダーシップ・スタイル」からみた目標による管理

育成能力で重要なことは、相手のレディネスを育成することです。そのための方法として考えられたものが、「リーダーシップ・スタイルの契約」です(行動科学の展開 328頁)。

リーダーシップ・スタイルの契約は、もともと「目標による管理(MBO:Management by Objectives)」に不足する日常的なリーダーシップを補うものとして考えられました。

「目標による管理」の基本は、目標を設定する者(リーダー)と目標を遂行する者(フォロアー)がともに目標の設定や遂行や評価に「参画すること」です。一定の期間を決めて、両者で目標を設定し合意し、期間終了時に合意された目標に照らして両者で成果を検討・評価します。

多くの企業や団体で「目標による管理」は取り入れられましたが、「参加」の部分がおざなりにされて「評価」ばかりが重視される行き過ぎた成果主義が問題になっています。この「参加」の要素を「目標による管理」に組み込むのがレディネス診断です。

目標達成はリーダーとフォロアーの共同責任ですから、目標を設定する時点で、達成期限までの間、フォロアーに不足する能力や確信・意欲をリーダーが育成するという約束が「リーダーシップ・スタイルの契約」となるのです。

ステップは、「目標による管理」である「目標設定」と「業績評価」の中で、目標設定時にレディネスを診断して、そのレディネスにあった最適なリーダーシップ・スタイルをとること。もし、レディネスが変化したら、その変化にあわせて最適リーダーシップをとること、といったリーダーとフォロアーの間で合意し、契約することになります。

このような状況対応リーダーシップ®を取り入れた「目標による管理」の流れを示したものが図表14です。

レディネスが低くても目標達成はできる

レディネスが低いからといって目標達成ができない、評価が悪いということはありません。だれでもやったことがないタスクについてのレディネスは低いですし、やりたくないタスクについてのレディネスも低くなります。

目標達成しなければならないと決めたら、あるいは合意したなら「どのようにやるのか」をリーダーシップ・スタイルとレディネス（そしてパワー）を診断しながら進めていきます。

次に目標達成とレディネスの関係について、その例をいくつか見て行きましょう。

フォロアーのレディネスが低くリーダーシップが適切な場合

次頁に図版化しましたが、R2は自律的にタスクを進められない状態です。しかし、リーダーが指示的行動も協労的行動も多いS2をとり、協働することで目標達成ができます。

図表14 「目標による管理」とレディネス診断

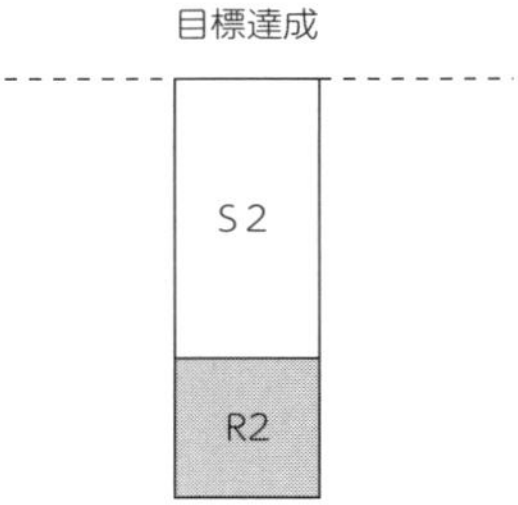

レディネスが低くても、目標以上の成果を達成できる場合

増税前の好景気など想定外の状況で、期待基準を超える結果を出せることがあります。逆にリーダーシップスタイルが適合しないと好景気でも活かすことができません。

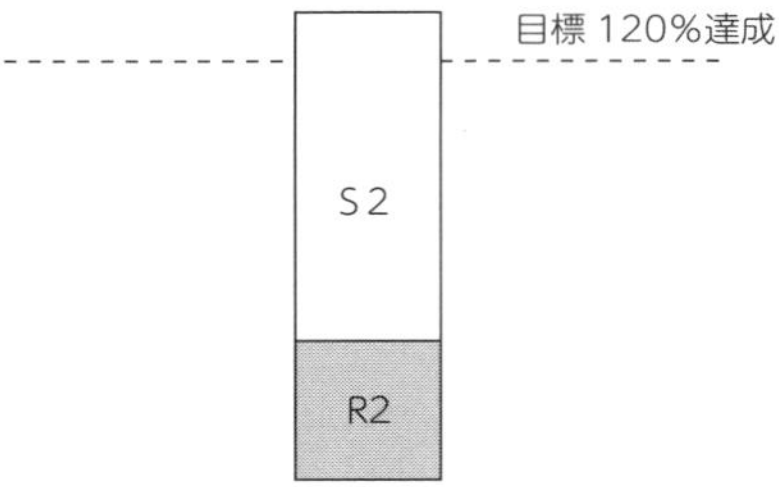

レディネスとスタイルが不適合で目標未達成の場合

たとえば、S4が（委任的スタイル）がとられると、指示的行動も協労的行動も少ないので、R2のフォローにとっては、委任ではなく放任的になってしまい、目標達成がむずかしくなります。

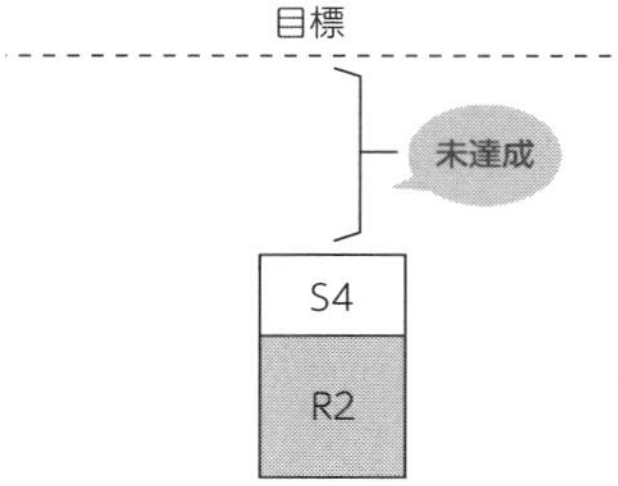

いかがでしょう。このようにタスクが具体的にどんなものかわかっていて、そのタスクに対するフォロアーのレディネスが診断でき、レディネスに適合するリーダーのスタイルや有効なパワーがわかれば、目標達成までの道筋は具体的になります。道筋が具体的になれば、安心して目標に向かって積極的に前進できます。

連結ピンから考えるプレイングマネジャーの役割

マネジメントやリーダーシップを学ぶとき、よく聞く言葉にプレイングマネジャーがあります。プレイングマネジャーとはマネジメントもするし、プレイヤーとしても働くというマネジャーのタスクとプレイヤーのタスクを兼任することです。

プレイングマネジャーは、マネジャーのタスク一つとっても大変なのに、プレイヤーのタスクまでやらなければならないポジションです。うまくできればいいのですが、どちらも中途半端になってしまう可能性もあります。

マネジャーの本来のタスクは、144頁でくわしく説明しますが、**連結ピン**(リンキングピン)の役割(86頁の図表15)を果たすことです(行動科学の展開(1978)・254〜255頁)。

ところで、複数のメンバーや関係者と協働しタスクを進めるリーダーには、**軸**となって人々や集団の間をつないだり、調整する重要な役割があります。

このつないだり、調整したりする軸のような役割が連結ピンです。連結ピンの働きを通して人々は協働しあいます。また、集団活動がうまくまとまったり、スムーズに前に進むようになります(行動科学の展開 111頁)。

ですからメンバーやスタッフのレディネスをR4に育成することで、リーダーの指導支援が少なくても自律的に目標達成ができるので、リーダーは委任的スタイル(S4)をとることができます。その分「連結ピン」としての本来のタスクに専念できるのです。

レディネスが高く、委任的スタイルでも目標達成ができる場合

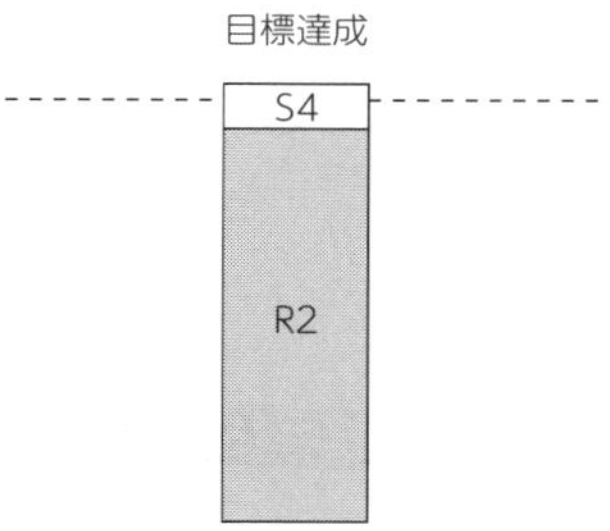

連結ピンは、トップ、ミドル、ロアー管理職という階層が主流だった従来の伝統的なピラミッド組織において考え出されました。

たとえば、課長は課の代表として課の意見や要望を部に伝えたり、部からの目標や要望を課に伝えたり、課に必要なリソースを部から引っ張ってくる役割です。

また部長は、部の代表として部の意見や要望を伝えたり、経営者からの目標や要望を部に伝えたり、部に必要なリソースを経営者から引っ張ってくる役割があります。この役割が課や部、部や経営者をつなぐ連結ピンになります。これが組織のマネジャーたちの本来の役割です。

連結ピンとしての組織のマネジャーの本来のタスクは、自分の部署の細かなタスクの一つひとつにプレイヤーとして忙殺されることではなく、関係部署に部署の代表として、要望を伝えたり、部署にとって必要なリソースを手に入れたり、部署が成果をあげられるような環境づくりをすることです。

とは言っても、実際の職場には多くのプレイングマネジャーがいます。たとえば、サービス業で働くマネージャーの多くはマネジャーでありながら接客やレジにてんてこまいです。そのため、スタッフの育成は「見て、覚えて」となります。

そして売上管理や仕入れ管理、マネジャー会議にも定期的に出席するのでスーパーマンなみの忙しさも耳にします。

マネジャーの本来の仕事が連結ピンであることを考えれば、プレイングマネジャーがてんてこまいという状態は解決しなければならない問題です。つまり、「マネジメントに必要な能力」を考えは、解決策の一つになるのかもしれません。

マネジャー能力を決める「概念化能力」と「対人的能力」

マネジメント・レベルによって必要な能力は異なる

図表15 伝統的な組織における連結ピンの働き

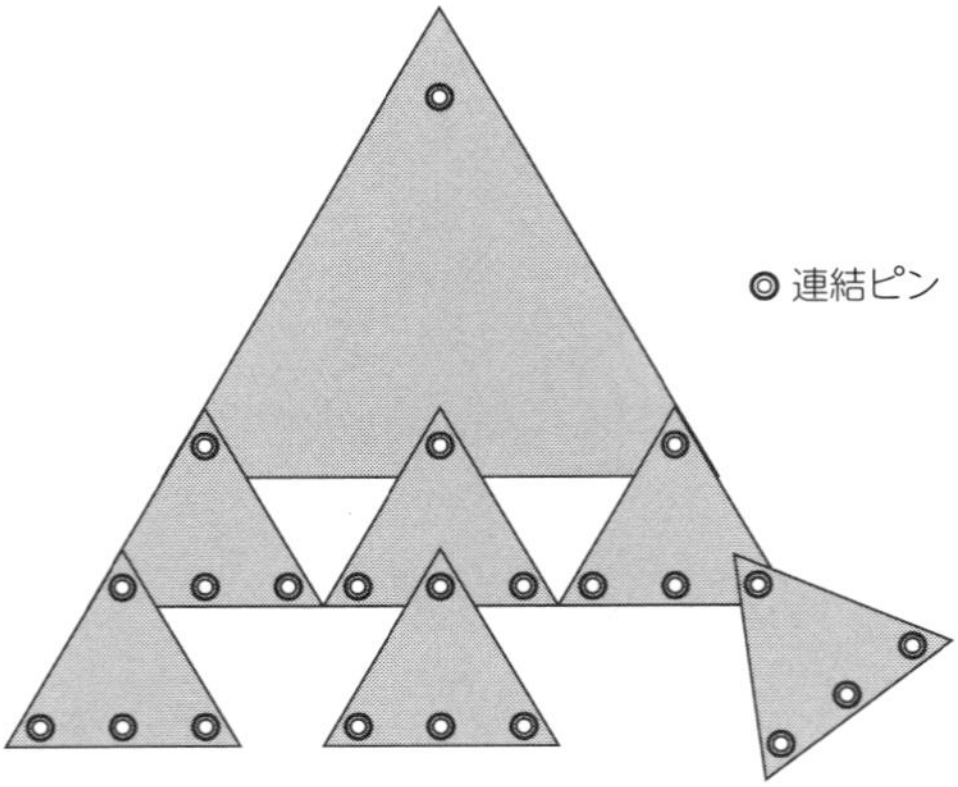

出所：「入門から応用へ　行動科学の展開(1978)」p.255

と言われています。トップになればなるほど全体を見渡し、判断する概念化能力が必要であり、ロアーであればタスクに密着した技術的・専門的能力が必要です。トップでもミドルでもロアーでも同じように重要な能力はリーダーシップ、コミュニケーション、交渉などの対人的能力です。

まだマネジメントの役割を担っていない従業員が優れた技術を持っていて、専門的能力に長けていたとします。自分でも得意分野だと思っていて周囲からも評価されています。

そんな従業員が課長になると、課全体の目標達成やスタッフの育成など、全体を見渡し、問題があれば対処するといったマネジメント力が求められます。これが概念化能力であったり、対人的能力です。

しかし、課長になったばかりのこの従業員は、まだ課全体を見渡す(概念化能力)ことも、スタッフの育成やとりまとめ(対人的能力)といったことも、やったことがないので慣れておらず億劫に感じます。

図表16 マネジメントに必要な能力

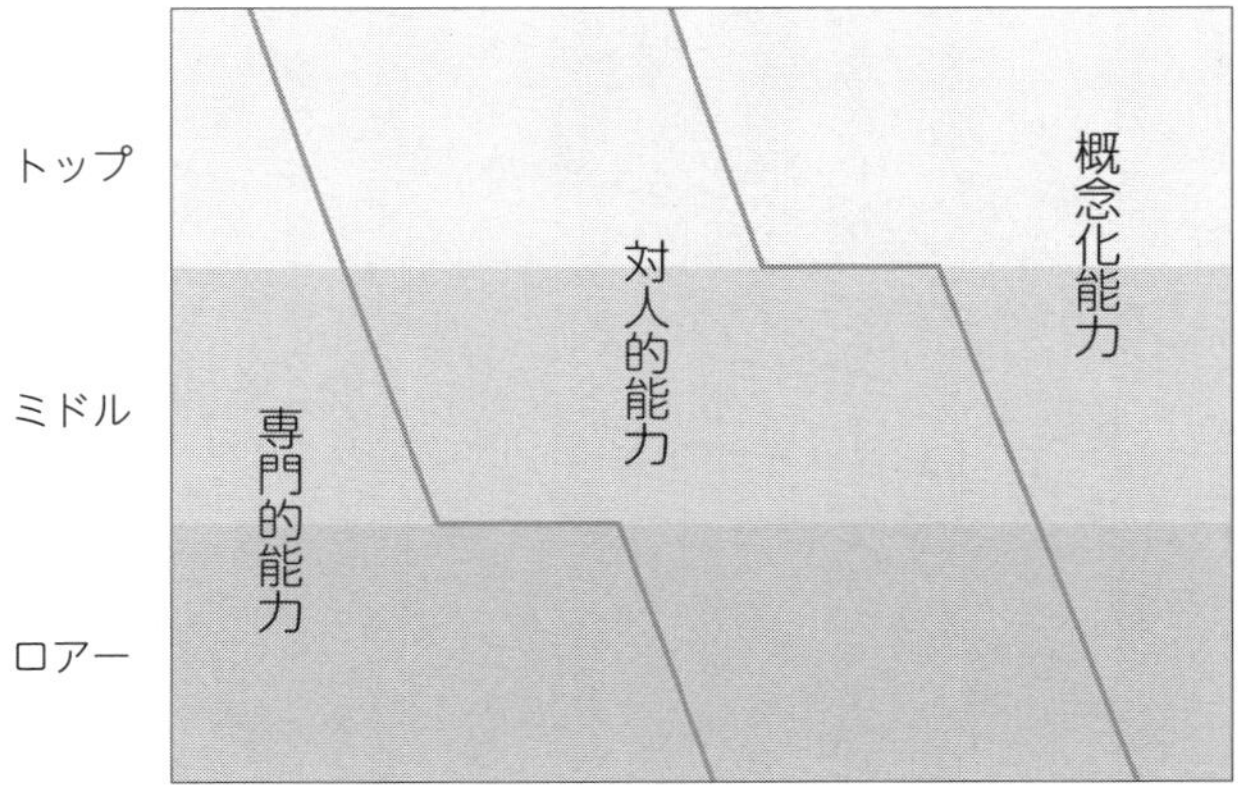

出所：「新版 入門から応用へ 行動科学の展開」p.13

そんなとき、技術力を必要とするやりがいのあるタスクが課に入ってきたとしましょう。本来なら、連結ピンとしてタスクを進めるのに必要な計画を立て、必要なリソースを集め、スタッフを教育し、タスクがきちんと進んでいるかモニタリングするというマネジメント・サイクル（計画・組織・指揮・統制）を行うべきです。

しかし、マネジメントに不慣れな課長は、億劫なマネジメントに取り組むよりも、得意な技術力を活かす作業に没頭します。こうなってしまうとプレイヤーの人たちがほとんど、プレイングマネジャーになってしまいます。これではスタッフは育ちません。課全体の動きを見ている人が、だれもいなくなってしまいます。

もし、この課長が課全体を見渡し管理する必要性や、スタッフを育成して次のリーダーを育てることの必要性を感じていたらどうでしょうか。

概念化能力や対人的能力は、マネジャーになったからといって自動的に備わるわけではありません。どんなに長く専門職のベテランであったとしても、対人的能力や概念化能力があるとは限りません。これらは新しい別の能力なので、不足していれば高めなければなりません。この課長の新しいタスクに対するレディネス診断が必要です。

連結ピンの役割には、全体を調整しながら対外的な折衝を行ったり、他者からの協力支援を受けたりするための概念化能力と対人的能力が必要だということがわかります。

プレイングマネジャーが、よりマネジャーとして積極的に取り組めるようレディネスを成長させるには、概念化能力や対人的能力を高めることが大事なのです。

あるときはリーダー、あるときはフォロアーになれ

フォロアーとは、「リーダーの働きかけをうけて動く人」と説明しました。ここで注意していただきたいのは、フォロアーは部下でも目下でもないということです。また、フォロアーになったらずっとフォロアーというわけでもありません。フォロアーとは一時的な役割で、リーダーの目標に合意して一緒にやると決めたときに生じる役割です。どんな人でも、**あるときはリーダー、あるときはフォロアー**です。

そうは言っても、フォロアーは「follow+er(従う人)」というイメージから、「ずっと従う人」「ずっと他律的な人」「部下」「目下の者」という誤解をよくされます。

そこで本書では、理論的な説明以外で、あえてフォロアーという用語を使わず、状況に応じて、メンバーやスタッフや部下という表現を使うことにします。

「リーダーシップの働き」の図表(44頁)では、一人のリーダーから一人のフォロアーへの働きかけでした。しかし、現実にはどんな人も「あるときはリーダー、あるときはフォロアー」です。

たとえば、未成年の子どもにとって、養ってくれる親は「門限○時を守りなさい」「野菜もきちんと食べなさい」など指示をしてくるリーダーです。でも「インターネットやスマホを使う」をタスクにすると、教えてくれる子どもがリーダーになり、教わる親はフォロアーになります。

また、子どもが複数いると、それぞれに得意分野があるかもしれません。インターネットやスマートフォンが得意な子ども、スポーツが得意な子ども、地図や時刻表を読むのが得意な子どもなどです。

親は、必要なときに得意分野を持つ子どもをリーダーにして、インターネットやスポーツを教わった

り、地図や時刻表を調べてもらったり、指示に従うだけというフォロアーになることもあります。また、子ども同士、得意分野を活かしてお互いに助けあうこともあります。

　このようにリーダーとフォロアーの関係は、同時に複数起こり、リーダーやフォロアーの役割も頻繁に入れ替わります。「だれがリーダー、だれがフォロアー」という身分や肩書ではなく、リーダーシップはあくまで「働き」なのです。

　リーダーシップは、入れ替わり立ち代わり生じ、得意分野があればあるほど、タスクがあればあるほど、どんな人でも常になんらかのリーダーということになります。

　「リーダーがフォロアーに働きかける」という表現が、リーダーとフォロアーが固定的な身分や肩書だという勘違いを起こさせてしまうのであれば、**リーダーとリーダーが働きかけあう**という表現のほうが、現代のリーダーシップに近いかもしれません。ちょっとわかりにくいかもしれないので、おいおい説明していきますが、図表17はリーダーシップの働きは縦横無尽、流動的、変化自在というイメージを表しています。

図表17　現代のリーダーシップの働き

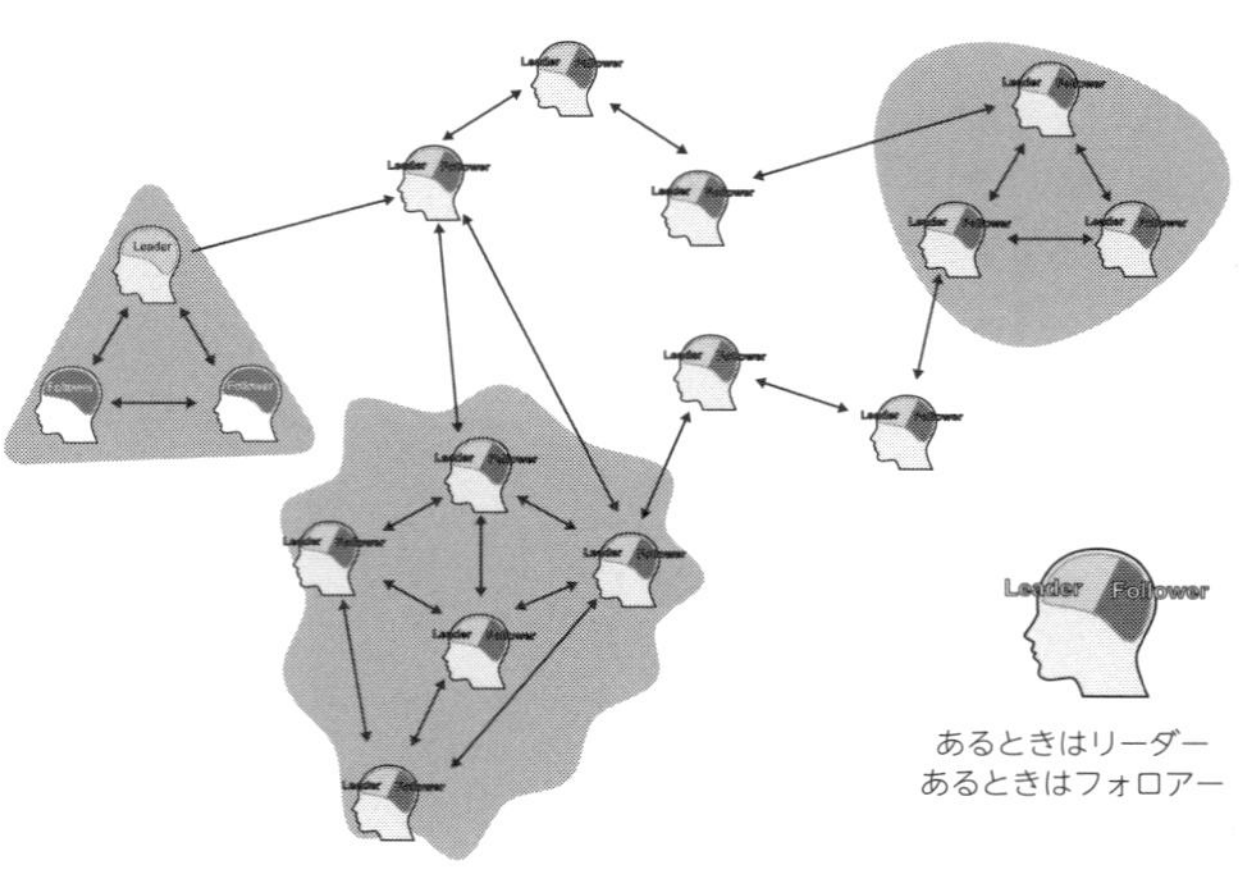

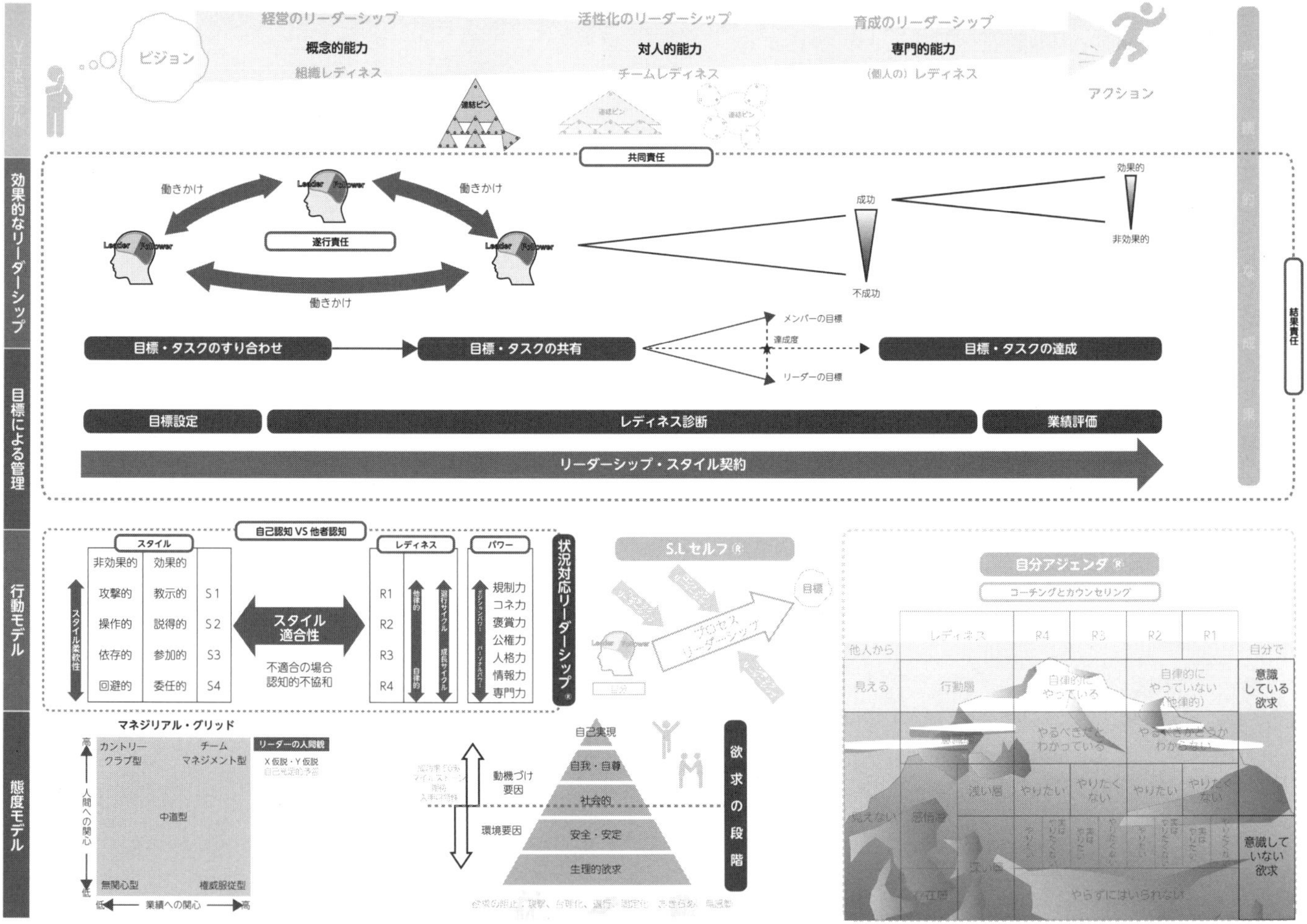
Vモデル
ビジョン
経営のリーダーシップ
概念的能力
組織レディネス
連結ピン
活性化のリーダーシップ
対人的能力
チームレディネス
育成のリーダーシップ
専門的能力
（個人の）レディネス
アクション
効果的なリーダーシップ
共同責任
働きかけ
働きかけ
働きかけ
遂行責任
Leader
Follower
成功
不成功
効果的
非効果的
結果責任
目標による管理
目標・タスクのすり合わせ
目標・タスクの共有
メンバーの目標
達成度
リーダーの目標
目標・タスクの達成
目標設定
レディネス診断
業績評価
リーダーシップ・スタイル契約
行動モデル
自己認知 VS 他者認知
スタイル
非効果的
効果的
攻撃的
教示的
S1
操作的
説得的
S2
依存的
参加的
S3
回避的
委任的
S4
スタイル柔軟性
スタイル適合性
不適合の場合
認知的不協和
レディネス
R1
R2
R3
R4
他律的
自律的
退行サイクル
成長サイクル
パワー
規制力
コネ力
褒賞力
公権力
人格力
情報力
専門力
ポジションパワー
パーソナルパワー
状況対応リーダーシップ®
S.L セルフ®
プロセス
リーダーシップ
目標
自分アジェンダ®
コーチングとカウンセリング
レディネス
R4
R3
R2
R1
他人から
自分で
見える
行動層
自律的に
やっている
自律的に
やっていない
（他律的）
意識
している
欲求
やるべきだと
わかっている
やるべきかどうか
わからない
浅い層
やりたい
やりたく
ない
やりたい
やりたく
ない
見えない
感情層
深い層
内在層
やらずにはいられない
意識して
いない
欲求
態度モデル
マネジリアル・グリッド
リーダーの人間観
X仮説・Y仮説
高
カントリー
クラブ型
チーム
マネジメント型
人間への関心
中道型
無関心型
権威服従型
低
業績への関心
高
動機づけ
要因
環境要因
自己実現
自我・自尊
社会的
安全・安定
生理的欲求
欲求の段階

PART 3

リーダーシップのカタチは同じではない

「パワー」「S.L.セルフ®」「タスク」のとらえ方

STORIES

4 「ハートセンター」開設に医師の意見を重んじる院長

5 上司の無謀な決定を上手に軌道修正した部下

6 「将来は米国で外交官に」——国際親善活動から学ぶ日々

7 「貧困でも学びを」が校長の思い。初のバイリンガル小学校

8 上場プロジェクトに部署を超えて選ばれた3人

9 4代目は息子か、娘かで揺れ動く老舗和菓子店社長

4 「ハートセンター」開設に医師の意見を重んじる院長

「2名の看護師の異動は見合わせて欲しい」

谷中利一と佐々木由美がリーダーシップについて話をした翌日、谷中は夜勤明けの妻、陽子の替わりに、子どもたちを寝かしつけた。

谷中と陽子は久しぶりに二人でゆっくり過ごしていた。

「由美ちゃん、元気だった？　あの子、本当に好きな仕事で奮闘しているわね。昔から変わらない」

「あぁ。本当だね。だけど、彼女もだんだん経験を積み重ねてきているものの、そう単純ではない職場の問題を抱えている。聞いていると彼女だけの問題ではない気がしてきたんだ」

「利一も後輩や部下がたくさんできるようになってから、結構苦労しているもんね」

「由美にも話したんだが、近いうちに遊びに来いと誘ったよ。お互い、『リーダーシップとはなんだ？』って話になってね。陽子の話も聞かせたいんだ」

陽子は看護短大を卒業したあと、都内のT病院で長年勤める看護師である。彼女の実力と、人柄が買われ、若手の看護師教育を任されたり、副看護部長を務めたり、組織に関わる仕事もしている。

現在は新しい部門を立ち上げるプロジェクトで、師長とともに院内の改革に携わっている。陽子が前に谷中に語った話を、由美の話を聞いて思い出したのだ。

＊　＊　＊

陽子が勤めるT病院は、500床の総合病院で、半年後に隣接市に、80床の「ハートセンター」の開設を控えている。ここ数年、病院内外からも期待されたプロジェクトとして周知され、職員の中からも、ハートセンターへの異動希望者を募り、昨年から定期的な勉強会も行ってきた。

陽子自身もハートセンター開設後は看護部長の推薦があり、看護部長職として異動することが決まっている。準備は2年前から、陽子がリーダー、ICUの師長がサブリーダーとして、看護部門開設チームを立ち上げて進めてきた。

昨日の各部門の合同会議では、全部門の移動予定者の最終名簿が院長に提出された。ところが、会議終了後、院長から、師長と陽子だけが呼ばれた。そして

「二人の看護師の異動を見合わせて欲しい」

との意見が医師たちから出されていると告げられた。

「なぜですか」

と質問すると、

「まあ、悪いようにはしないから、今回はしたがいなさい」

そう言われて、師長と陽子は困惑した。

当初は少人数でのスタートなので、良好なチームワークを組める職員の配置を大切にしたいというのがその理由だった。師長はこの二人についての評価に納得できなかった。それもあって、

「ぜひ、彼女たちをメンバーに入れてください」

とお願いしたが、

「決まったことだ」

と言われたのである。もちろん陽子も、異動する看護師の人選と教育は一任されていたはずで、院長に、順調に教育も進んでいることを説明した。

院長は困った表情になり、医師たちの言い分もわかって欲しいと、ただただ繰り返すばかりだった。陽子は会議終了後、2週間の猶予期間をもらい、師長と話し合うことにした。

陽子が人選の際に師長と大事にしてきたことは「協働の質の高い医療チームメンバーを作る」ということだった。しかし、この日、初めて医師の評価と師長の評価が異なっていたことに気づき、少しショックだった。

「ハートセンターでは、医師の業務に振り回されない体制をつくりたいんです。先生たちの動きひとつで、日勤者の早出・遅出のシフトを組んでも残業が発生してしまい、スタッフの負担も大きくなってしまいます」

師長は、医師たちにこれまでの問題点を言った。

師長は医師たちの医療内容への信頼は厚いものの、診療過程の改善に多くの要望事項を持っていた。それは日勤者の早出・遅出のシフトを組んでも、医師たちの動きひとつで、残業が発生してスタッフの負担も大きくなっていた。病棟担当の医師を置くように要望しても、一向に実現しない。医師側も現状の人数で外来も検査もやり、自分たちも精いっぱいで、再三の話し合いもいつも平行線だった。

しばらく何の改善にも至らない状況が続いていた。

師長は、異動の見合わせを指摘された二人の看護師について、

「患者やスタッフのためを考えたうえで、先生たちにきちんとものが言える人たちです。先生たちには煙たい存在かもしれませんが、頼りにしているんです」

と言った。そして
「ひょっとすると、私も先生たちから歓迎されていないのかもしれません……」

陽子は師長の話を聞きながら、師長がハートセンターへの異動を前に、T病院での問題を改善してから後任者に引き継ごうと考えていることがわかった。しかし、院長からの指摘で現状改善すら半ばあきらめているように見えた。

確かに今までのように、看護側の要望を一方的に繰りかえすだけでは進展もなく、かえって医師との関係を悪化させてしまう。しかし、だからといって尻込みして何もしなければ、看護側、医師側の関係は改善せず、患者側にも悪影響をおよぼしてしまう。そこで陽子は、まず解決の出発点として、師長と現状を改善していく意味や意義について話し合うことにした。

「今、病院のなかで何が起きているのか、チーム作業の質や効率という観点から一緒に考えていきませんか。まず、師長は職場のリーダーとして、どう考えているんですか？　また組織の中で自分がだれとどのようなチームワークをとっているかを見直し、そういった関係性の中で自分の役割をとらえてみたいです」

師長の提案をもとに、陽子と師長は一緒に課題の探索を行いながら、「協働関係マップ」や「役割の再

規定シート」を作った。師長は、これらのマップやシートを見ながら、あらためて陽子に気持ちを伝えた。

「ハートセンターへの異動を希望している先輩師長たちがたくさんいるなかで、私はこんな重要ポストに抜擢されました。みんなからどう評価されるのかも気になり、ひたすら自分のスタッフを激励して頑張ってきました。でも、一部署だけの問題ではなかった……医師側と看護側の問題は、外来・検査室・手術室・ICU・病棟など、看護部門全体の問題としてとらえなければならないんですね」

この出来事を通して、陽子は自分たちに求められていることが何かに気づかされた。問題はハートセンターへの異動にあるのではなく、T病院の現状にあり、医師側と看護側の葛藤も、二者の関係性だけでは解決しないことに気づいた。

ハートセンターは今、ここにあるT病院の医療の先につながっているプロジェクトである。T病院の現状に問題があることに気づきつつも、陽子も師長も新しいことにばかり目を向けていたのである。

さらに陽子は、「師長の悩みや気持ちに気づかなかったし、新しくハートセンターに異動するスタッフと病院に残されるスタッフとの間の温度差も考えなかった……」と、内面への配慮が欠けていたことを反省した。

次の師長会では、関係諸部門に現状改善の方針を示し、協力をお願いしてみることになった。師長をリーダーとして、連れて行けないと言われた2名の看護師をサブリーダーにすることで改善が始まった。

＊　＊　＊

ビールを片手に陽子の話を聞いていた谷中は、

「リーダーという存在というよりも、むしろリーダーを支える存在、メンバーというかスタッフかな、リーダー職についていなくても、その存在がリーダーシップを発揮していくことが功を奏していくんじゃないか？　そう思うんだよ」

「そうね。私としては師長と、お互いに違った立場でいるからこそ、この病院を内部からもっと良くしていくための働きかけができないかと師長に対しても、自分なりにやってきたつもりだわ。それが結果的に医師たちへのリーダーシップ発揮にもなったんでしょうね」

「そうなると、必ずしもリーダーシップはリーダー職だけが持っていなくてはならないというわけではないな。リーダーシップというのは役割についているものではなくて、リーダー職がリーダーシップを発揮するのはもちろんのこと、ときに部下が下から上へのリーダーシップを発揮してもいいわけだ」

「そう言えば、私の叔父が現役だったとき、こんな話を聞いたことがあるわ」

そう言うと陽子は口を開いた。

5 上司の無謀な決定を上手に軌道修正した部下
「部長を紳士に扱えばこそ紳士に扱ってもらえる」

陽子の叔父である森は、かつて電機メーカーの情報機器部門の設計課長であった。

森の上司は、取引先からの天下りで、着任間もない内藤部長だった。着任早々、隣の課長をみんなの前で叱り飛ばすなど、部下には高圧的、上司には低頭という2面を備えていた。

ある日、森は内藤部長に呼び出された。

「これが受注案件だ。ほぼこの線で最終決定するだろう」

と誇らしげに分厚い資料を渡された。

受注台数は10台でかなりの大型案件だが、資料は厚さのわりにはずさんで曖昧な機能が3つも含まれ、しかも納期は9カ月と短く、繁忙を極める年度末だ。

これまで、仕様の打ち合わせにも参加してきた森だが、今回は森を外して勝手に決めた計画を押しつけられた。そのため仕事への意欲は急速に失せていった。

それでも隣の課の出来事を思い出すと、「内藤部長を紳士として扱おう。そうすれば内藤部長も自分を紳士として扱ってくれるに違いない」と考えていた。

「10台とは、大型案件ですね。この3つの機能は仕様が不明確なので、早急に顧客との詳細打合せを始めないと、納期に間に合いませんね。いずれにせよ、かなりの設計変更が必要ですし、繁忙を極める年度末に10台も出荷するには、製造現場の絶大な協力と、測定器や評価治具の購入も必要になって大変ですが、なんとか頑張って成功させましょう」

と、努めて丁寧にプロジェクトのむずかしさを訴えた。

内藤部長は、森の説明で次第にプロジェクトのむずかしさを察して、

「私の初仕事だ、困難なプロジェクトだが全面協力するので頑張ってくれ」

と、森の肩を叩いた。

森は頭を抱えて職場に帰ると、五人の係長たちは異口同音に現場の状況を無視した無理な案件は拒否するようにと、猛烈に突き上げてきた。上司が招いた不始末のおかげで、森は部下と上司に挟まれて苦しむ憂き目に遭った。

しかし、森はめげずに部下たちを叱咤激励しながら検討していくと、測定器を3台、評価治具を2台購入する必要性が明らかになった。

その後、苦労して森が設備購入の計画書を作成してみると、今度は経費節減に厳しい上野工場長の決済が必要となった。思案の末、技師長のお墨つきをもらうことにした。

技師長室を訪ねると、彼は広い個室で新聞を読んでいたが、それを置き、席を勧めた。そして日ごろから情報交換する関係にある森の説明に即座に状況を理解し、

「それなら協力しよう」

と計画書にも賛同してくれた。

もともと技師長は、責任も権限も持たない評論家的存在ではあるが、事前に相談するのは、客観的に技術評価ができる存在として工場内では高く評価されていたからだ。いわば保険のようなものだ。結果的には有効なアドバイスはもらえなかったが、お墨つきだけはもらえた。

帰り際に森は、

「今回は自社製の測定器を提案しますが、本来は性能の良い米国のM社製品が欲しいのです。課長レベルがいくら説明しても、工場幹部からはいつも一蹴されるので、ぜひ、技師長から海外製品の購入を

働きかけてください」

と、ダメもとでお願いをしたのだった。

次に、森は内藤部長を訪ねて計画書を渡すと、

「工場長への説得は現場を知る自分がやろう」

と大役を買って出たのである。内藤部長は一緒に上野工場長を訪ねると、

「工場長、お忙しいところを申しわけありませんが、今回の大型プロジェクトでは、どうしても新たな設備投資が必要だと森課長が言うので、認可をよろしくお願いします。森君、説明してくれないか」

というと、上野工場長は、

「おお、若いきみの説明を聞こうじゃないか、遠慮せず言ってごらん」

と促した。森が一通り説明すると上野工場長は、

「技術的な詳しい説明は、僕にはわからないが、技師長の指導は受けたのかね？」

と言いながら、電話機を取り上げ技師長と直接話を始めた。電話を切るとすぐに、

「技師長は、今回のプロジェクトのことはよく知っていたよ。それに、森君の提案は良くできていると言っていたので認可する。ところで、技師長は、本当は自社製品より、アメリカのM社の測定器のほうが優れていると言っていたが、本当かい？」

というその言葉に森は、

「はい、性能的にも優れていますし、価格も2割ほど安く、短納期、軽量で顧客先にも持っていけるメリットがあります」

と答えた。

「ほお、いいじゃないか、なぜM社にしないのだ」

と、上野工場長はご機嫌だ。

「資材部から、当社の製品を買うように、また外国製品は品質保証体制に不安があるから購入は許可しない、と言われているから購入できないのです」

と答えると上野は、

「そんなバカな話はない、M社にしなさい」

と指示した。しかし、実際に森には資材部のポリシーを変える権限はないと事情を知った上野工場長は、今度は資材部長に電話をかけた。

「森課長のところで大型受注に成功したので、新たに測定器類を買って欲しい。僕は性能的にも価格的にも優れたアメリカのM社の製品がいいと思うので、M社の測定器を購入してやって欲しい」

そう話すと電話の相手が反発したのだろう。

「えっ、僕が自社製品を買えと言ったって？　君は、僕が言ったことの表面的な文字の解釈しかしていない。発言の『意味』をよく理解しなければならない。それは、同等の条件の場合のことだ。価格が2割も安く、性能も優れていれば、社外の製品を選ぶのが当然だろう？　設計は、世界最高の製品を開発しようとリスクを冒して頑張っているのに、資材部は安全なローカル・ルールの上にあぐらをかいている。自分の部署ばかりでなく、工場全体のことを考えてもらわなければ困る。じゃ、M社製品の購入を頼んだよ」

と、とどめを刺した。上野工場長は電話を切ると、

「これで一件落着だ。みんなは僕をワンマンだと言うが、僕は人格否定ではなく、行動の拙さを指摘し、リスクを恐れずに仕事に挑戦するよう指導しているんだ」

と、つぶやいた。工場長室を出ると、森は、設計部門には高飛車なものいいをする資材部長が、工場長には従順にしたがう光景を思い出すとおかしくて仕方なかった。

ご法度だったM社の測定器を買う道が開け、部下達のやる気が出ること間違いない、と思わず笑みがこぼれるのだった。

POINT 「下から上へ」——リーダーシップは強い人、偉い人だけのものではない

リーダーシップは強い人のものでも偉い人のものでもありません。単なる「働きかけ」です。だれでも、人生でいくつかだれかと一緒に何かをやり遂げたことがあると思いますが「こうしたい」というリーダーの思いや考えに同調し、一緒にやろうと行動するなら、リーダーシップが発揮されたことになります。リーダーシップを「働きかけ」とシンプルにとらえると、私たちのだれもがリーダーシップを発揮していることになります。

このようにとらえると、上司のリーダーシップや政治家のリーダーシップや経営者のリーダーシップ以外にも、いろいろなリーダーシップが出てきます。

ここを前提にして、STORY④で紹介した副看護部長の陽子さんのリーダーシップを見てみましょう。

陽子さんが「こうしたい！」と思っていることは、「あの二人を連れて行くこと」です。あの二人を連れて行くためにできることはなんでしょうか?

反対しているのは医師たちです。「あの二人」が言いにくいこともはっきり言うので、煙たいというのが本音のようです。医師たちの欲求レベルを考えると、不満の原因となっている環境要因、たとえば、安全・安定、あるいは社会的欲求などの低いレベルなのかもしれません。

低いレベルの欲求にはポジションパワーが効きますが、パーソナルパワーはあまり効きません。医師

たちと陽子さんたち看護師の立場を考えると、医師たちに対してポジションパワーは働きません。

それがわかっているので陽子さんが使う言葉を見てみると、「深く関わってもらう」「協力のお願い」「協働」など、自らが中心になって率先してリーダーシップをとるというよりも、関わる人々の意見を聞きながら影になって段取りしたり、ものごとを進めるリーダーとして動いています。

37頁で紹介したX仮説・Y仮説で言えば、相手を信じ、相手の気持ちを高めることを重視するリーダーシップ(Y仮説)、しかも、人間への関心だけではなく、医師に断られた看護師二人をサブリーダーにしてタスク達成をめざしていることから、「業績への関心」も「人間への関心」も高いチーム・マネジメント型やパーソナルパワーを好んでいるようです。

そんな陽子さんが、院長や医師たち、師長や看護師たちとともに、「あの二人を連れて行く」というタスクを達成するためにできることを考えてみるとどうでしょう。

「あの二人を連れて行こう」と思う陽子さんはリーダーです。このタスクをともに進めてもらおうとしている相手は医師たちなので、医師たちがフォロアーです。医師たちのタスクに対するレディネスは、自らそうしようとは思っていないので他律的、しかも意欲的ではないのでR1です。

R1に対して使えるリーダーシップは、S1(教示的スタイル)、つまり、事細かく丁寧に説明するリーダーシップです。

実際に陽子さんがやっていることを見てみましょう。

陽子さんは師長とともに、協働関係マップや役割の再規定シートなどを埋めていくことにしました。

こうすることで、医師たちのタスク、看護師たちのタスク、それぞれのタスクの協働関係などを「見える」ようにシートにして表しています。

協働関係が見えれば、どんなタスクがあるか、どんな役割期待があるか、どんな能力が求められているか、タスクを果たす適しているのはどのような看護師か、などを事実や客観的なデータに裏づけられた情報を具体的に示すことができます。

レディネスごとに効くパワー

パワーには7種類ありますが、相手のレディネスごとに効くパワーは異なります。図表18を見てください。

すでに述べましたが、「あの二人を連れて行く」というタスクの医師たちのレディネスはR1です。R1に効くパワーは、「規制力」と「コネ力」です。「褒賞力」や「公権力」も効くかもしれません。

アメとムチのムチにあたる規制力は、医師たちに対して陽子さんは立場上使えませんし、好みとしても使わないでしょう。コネ力は有力者の力を借りるパワーですが、院長の力を借りることや師長会での取り決めという公権力を使うことは、できるかもしれません。

であれば陽子さんが師長とともに協働関係マップや役割の再規定シートを作成し、そのデータを使って、院長に「あの二人」の必要性を示すこと

図表18 パワーが効くレディネス

R4	R3	R2	R1

専門力　人格力　褒賞力　規制力
情報力　公権力　コネ力

出所：**「新版 入門から応用へ 行動科学の展開」** p.245

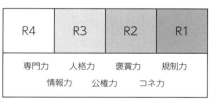

はできます。院長が納得したら、医師たちに働きかけてくれるかもしれません。あるいは師長会でなんらかの取り決めがなされることで、その影響を医師たちに与えることができるかもしれません。

根回しに効くパーソナルパワー

このように「根回し」は日本企業に特徴的なものだと聞きますが、これをパーソナルパワーによるネットワーキングだととらえると、世界中のどこでも行われていることだと思います。

では、STORY5で、森さんがどのような根回しをしたのかを見てみましょう。

内藤部長が一方的に決めてきた困難な大型受注プロジェクトは森さんにとっては部下からの猛烈な拒否の突き上げとなり、上司と部下に挟まれてしまいました。森さんは、部下には高圧的、上司には低頭という内藤部長に対しておもしろくない気持ちもありましたが、しかし、上司への不満で腐るのではなく、「内藤部長を紳士として扱うことで部長も自分を紳士として扱ってくれる」と信じることにしました。このように、自分が思うことが現実化することは**自己充足的予言**と呼ばれます。良い意味でも悪い意味でも、思ったことが現実にそうなるというのが自己充足的予言です。

では森さんのタスクはなんでしょうか?

部下たちと突き詰めた結果、「M社製の測定器を購入して設備投資する」が森さんのタスクだとわかりました。そのためには、工場長の承認が必要です。工場長はまだなにも知りません。このタスクを達成するための工場長のレディネスはR1です。

そこで森さんが最初に行ったことは、責任も権限も持たない評論家的存在ですが、平素から情報交換する関係にあった技師長に相談することでした。どのようなパワーになるのかわからなかったのですが、客観的に技術評価をもらい、保険にするには最適の相手でした。結果的に「お墨付き」をもらえて、工場長が納得したわけですから、これはコネ力だとみることができます。

内藤部長についても、もともとは森さんが意欲減退の原因になった張本人ですが、森さんが内藤部長を紳士だと信じることで、工場長に直談判する際も内藤部長に協力的に同行してもらうことができました。技師長からお墨付きをもらうことや、内藤部長に同行してもらって工場長に説明することは、森さんの「根回し」の成果だと言えます。

では、なぜ森さんは「根回し」ができたのでしょうか？

森さんが行ったことは、技師長に対しては「平素から情報交換する関係にあった」こと、内藤部長に対しては「紳士として扱うことで部長も自分を紳士として扱ってくれる」と信じたこと(自己充足的予言)です。これが森さんのパーソナルパワーを上げていました。技師長は森さんの技術専門性を高く評価していたでしょうし、内藤部長も自分を紳士として扱う森さんを評価していたのでしょう。技師長も内藤部長も、森さんが必要とすれば協力しようという姿勢になりました。

このように森さんの例は、権力や権威という相手を圧倒する力がなくても、日頃から関係者と信頼関係(人格力)や持ちつ持たれるの関係(お互いに必要な情報力や専門力)を持っておくことが、パーソナルパワーを強めるという一例になります。

Column

パーソナルパワー、その人のために

「落書きをしないでください。ここは私の神聖な職場です」の威力

世界的に有名な、ある電機メーカの創業時のできごとである。最新鋭の設備を備えた工場に世界中から大勢の人々が見学に来たが、最大の問題はトイレの落書きだった。

創業者は会社の恥なのでトイレの落書きをやめさせるように工場長に指示を出し、工場長も徹底して工場内に通知を出したが、一向になくならならなかった。「落書きをするな」という落書きまで出る始末で、創業者は諦めかけていた。

そんなとき、工場長から「落書きがなくなりました」と報告があった。「トイレ掃除のパートさんが、かまぼこの板２、３枚に『落書きをしないでください。ここは私の神聖な職場です』と書いてトイレに貼ったんです。それでピタッとなくなりました」。

それを知り、創業者は次のように語っている。

「リーダーシップとは上から下への指導力、統率力だと考えていたが、それは誤りだった。以来、私はリーダーシップを『影響力』と言うようにした」。

次の日曜日。たまたま陽子も由美も休みとなり、早速、谷中家でリーダーシップについての話をすることになった。

この日は偶然にも、谷中の大学時代のディベート部の後輩である黒木雄一も加わり、陽子は由美と黒木に職場での話、叔父の話を話した。陽子の手料理を囲みながら和やかではあるが、真剣に語らう日曜日の午後となった。

＊　＊　＊

「陽子さんの話を聞いていると、リーダーシップと一言でいっても、いろいろな形態があるのではないかと思いますね」

と、黒木が話し始めた。彼は中堅の商社ではあるが、海外とのやりとりでさまざまな国とのつながりもある。さらに、大学時代からグローバルなテーマに興味があり、将来は公的な仕事で海外とのやりとりをしたいと考えている。

「本当にそうよね。もしかしたら日本人って案外、リーダーという存在よりも、メンバーたちが強いほうが、組織がうまくいくかもしれない。影の存在というか……」

「世界的にも今は強いリーダー、カリスマリーダーというよりも、周りを巻き込んで、周りの人に主役になってもらうような、そんなリーダーシップの動きも出て来てはいるんですよね」

すると、なにかを思い出したように、黒木は学生時代にアメリカで知り合った男性の話を始めた。

6 「将来は米国で外交官に」——国際親善活動から学ぶ日々

「国際教育プロジェクトで人と人をつないでいます」

スティーブンは外交官になりたいという夢を持っており、大学でも国際政治を専攻していた。しかし、大学卒業後に外交官への登竜門である米国国防省にチャレンジしたが、実務経験が少ないということから合格できなかった。

そこで、まずは実務経験を積もうと、地元から国際親善や国際協力の活動に取り組むことにした。

一見、物静かで礼儀正しいスティーブンは、積極的にドンドンものごとを進めるタイプに見えないが、物怖じせず新しい世界に進んで飛び込んでいく。特にアジアが好きで、日本語、韓国語、中国語なども熱心に勉強し、それぞれの国に数週間という単位で旅に出かけ、数多くの友人・知人を作っている。

「どの活動もまだまだ途中ですが、やり続けることで人と人とのつながりが広がっていますし、『これをお願いできないか』と、依頼されることが増えている。うれしいことに、新しい事業に誘われることもあり、すこしずつ成果が見えてきているんですよ」

とスティーブンは笑顔だ。

スティーブンが生まれ育ったサンディエゴは、横浜と姉妹都市の関係を結んでいる。横浜市は新しい国際教育プロジェクトとして、テレビ電話やインターネットを使った共同授業を行っているのだが、あるときスティーブンは、そのプロジェクトに参加させてもらうことになった。

そこで、インターネットを活用する教育方法に関するさまざまな提案を行ったり、横浜の高校生たちの国際力養成のためのサンディエゴ訪問を支援することになった。もちろん自宅にも高校生たちをホームスティさせている。

また、アーバイン市（サンディエゴから1時間程度）にある自分の出身大学が創設したインターネット共同授業を、地元サンディエゴで広報したり、実施の支援を行う。

「目指しているのは民間外交、コミュニティとコミュニティ、そして人と人とをつなぐことなんですよ」と、スティーブンは言う。

このような活動を通じて、スティーブンはサンディエゴ横浜姉妹都市交流会のメンバーから、地元の有力者を紹介してもらうことになった。この有力者とは、カリフォルニア州で初めて英語と中国語の2カ国語を公用語とする小学校を作ったバーンズ校長であった。

バーンズ校長は、中国の小学校とも連携し、インターネットを通じて中国や台湾とサンディエゴの間で共同授業を実現した。

「バーンズ校長のバイリンガル教育に対する熱意や行動力はすごい。エネルギッシュに活動しているバーンズ校長を見ていると、できる限りのことをしたくなる」とスティーブンは言い、バーンズ校長が資金援助を受けられるよう、サンディエゴ横浜姉妹都市友好交流会会長に積極的に働きかけた。その結果、2015~2016年には、横浜とサンディエゴを結ぶインターネット共同授業などの教育交流が実現する見通しが立った。

また、スティーブンは、この時期に東京のアメリカ大使館でインターンシップのチャンスを得た。東京にいる間に、横浜市関係者との連携も深め、バーンズ校長のプロジェクトがスムーズに進むよう積極的に協力している。

7 「貧困でも学びを」が校長の思い。初のバイリンガル小学校
「まずは登校生徒数を増やすことから始めよう」

カリフォルニア州サンディエゴの貧困地域にあるB小学校に赴任してきたバーンズ校長には、チャレンジングな目標があった。それは貧しく教育水準も低いB小学校を英語と中国語の2カ国語を公用語とするカリフォルニア州初のバイリンガル小学校にするという目標である。

B小学校は、バーンズ校長が赴任する前から赤字を抱えていた。しかも多民族の低所得者の子どもが多かった。しかも、親たちの教育への関心は薄く、登校してくる生徒数も少ない。PTA資金も残高30ドル（約3000円）というありさまであり、近辺の公共施設はホームレスに占領され、貧困から抜け出せない状況にあった。

「今回はうまくいかないかもしれない……」

これまで他の地区でも学校運営を成功させてきたさすがのバーンズ校長だが、赴任当初は不安になっ

たが気を取り直して、

「いや、まずは登校生徒数を増やすことに始めよう」

と決めた。遠くの目標を見て落胆するよりも、足元のできそうな目標から取り組んでいこうと考えたのである。そのためには、小学校教師の資格を持つ中国語教師の人数を増やすことが重要だ。バーンズ校長は、足しげく地元コミュニティの親たちや教師たちを訪問し、バイリンガル教育環境がいかに価値あるものか、それがいかにアメリカの国際協力や国際親善の活動を強化し、ひいてはアメリカの競争力を高めるかを語り、辛抱強く支援者を集めていった。

バーンズ校長は、教育とは関係がない団体、たとえば、サンディエゴ・アジア・ビジネス協会、サンディエゴ中華市立公園の会、サンディエゴ中華女性協会などにも積極的に参加し、自分のビジョンやバイリンガル教育の重要性を説明し、多くの寄付金を受けた。

その寄付金を利用して、中国人留学生が教師のアシスタントをするインターン制度を作った。また、中国や台湾、サンディエゴの教師たちの交換留学プログラムを立ち上げた。中国と台湾の教師たちは、B小学校に通う生徒の家庭にホームスティしながら、1年間、中国語授業の手助けをしたり、中国や台湾とのインターネット共同授業を支援したり、アメリカと中国の生徒たちがお互いに成長できる教育環境を創りだした。この試みがB小学校の評判をいっそう高めることになった。

バイリンガル教育の効果は言語だけではなく、数学・科学・歴史・作文など他の教科にも好影響をおよぼした。それまでカリフォルニア州でも平均点におよばなかったB小学校の成績が平均点を上回ったのである。

こうしたバーンズ校長の活動によって、中国や台湾の学校からも多くの資金が寄せられ、教師の交換留学をいっそう活発にする人的支援も得ることができ、B小学校の評判は高まっていった。

バーンズ校長がなしとげたことは、それまで貧困から抜け出すすべがなかった人々に自信を与え、勇気づけ、地域社会そのものを活性化し、今やなくてはならない活動になっている。

「次のチャレンジは、横浜との共同授業プロジェクトだ！」

と、バーンズ校長は、精力的にバイリンガル教育プロジェクトを進めている。

＊　＊　＊

黒木の二つの話を聞いて陽子が最初に口を開いた。

「共通しているのは、組織自体がそれほど成立していないときから、中心となる人物の想いで周りが巻き込まれていったことよね」

「ネットワーク型というか、チーム巻き添え型というか……」

「そうそう、それに、彼ら自身が自分に対してリーダーシップをふるっていて、ブレがない。これなら周りはついていきやすくもなる。わかりやすいしね」

「この人が言うなら、実現しないものもするかもしれない。自分が関わったらもっと実現への道に近づけるかもしれない、というワクワク感も二つの事例には共通しているね」

「だれかにリーダーシップを委ね過ぎていないのも特徴。周りのリーダーシップを引き出しているのよ！」

四人はいつの間にか新しいリーダーシップのカタチを感じ始めた。

POINT 「S.L.セルフ®とネットワーキング」——こうしたいに突き進むための「自分から自分へ」のリーダーシップ

だれでも「こうしたい！」という好きなことや、やりたいことがあります。しかし、大人になると生きていくために「こうしたい」が後回しになることもあります。

そんな中でSTORY⑥のスティーブンは、生活費を稼ぎながら、自分の「こうしたい！」に突き進んでいます。

リーダーシップは、通常、リーダーから**他人に向けて**の働きかけだととらえられています。しかし、S.L.セルフ®では、リーダーシップを自分から自分へととらえています。

S.L.セルフ®で重要なポイントは、リーダーにはプロセスリーダーシップとコンテンツ・リーダーシップの2種類の働きがあるということです（行動科学の展開92～93頁）。

プロセスは、文字通り「進めること」、つまり行動です。コンテンツは「進めるのに必要なリソース」、つまり、ヒト・モノ・カネ・情報・時間・協力・支援・労り、その他あらゆるリソースです。

図表19 S.L.セルフ®

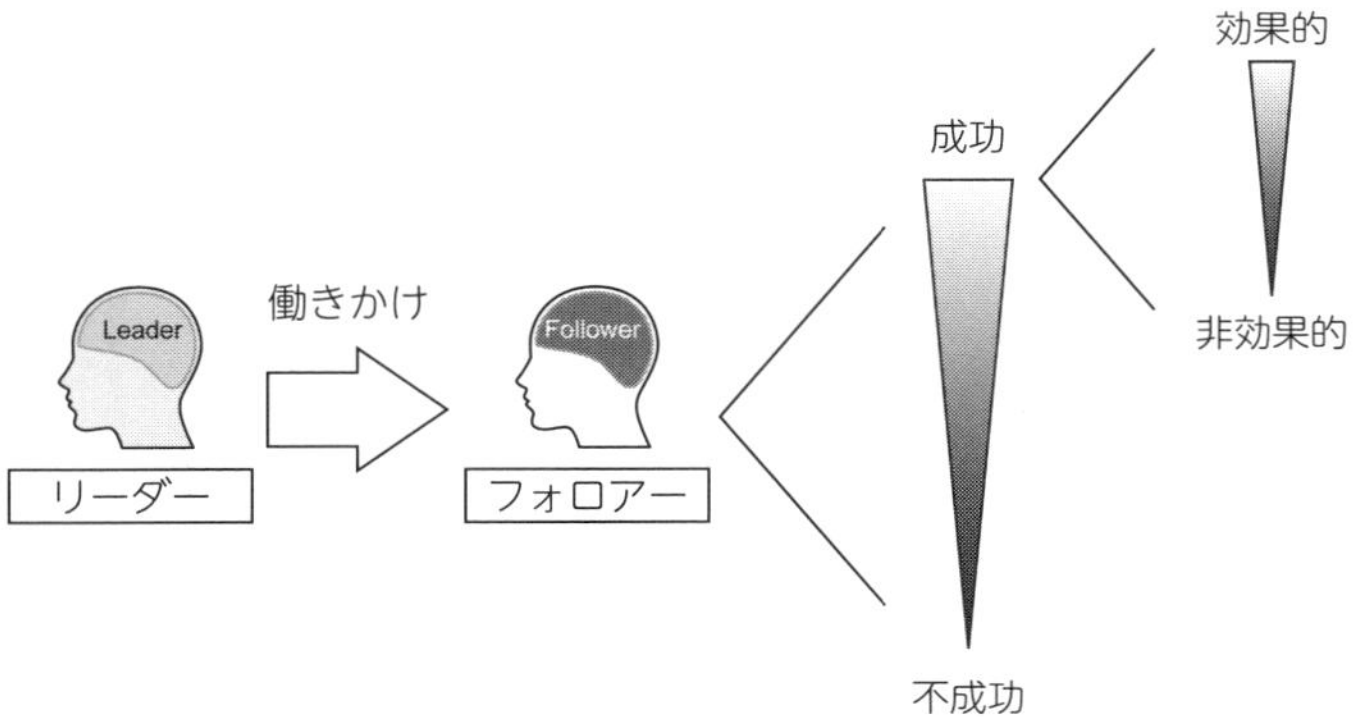

タスクは「こうしたい！」ということです。

スティーブンの場合のタスクは、「サンディエゴと横浜をつなぐ教育交流に貢献すること」です。外交の仕事に興味があり、なにができるかわからないけれど、できること、やれることをやろうと生まれ故郷サンディエゴと姉妹都市横浜をつなぐ民間外交活動に精力的に取り組んでいます。やり方がわからなくても自信がなくても、「こうしたい！」と思って実現したいことがあれば、自分がプロセスリーダーとして、最後までプロセス管理をします。

ところでスティーブンのレディネスは、「どんなことでも学習機会ととらえ、なんでもチャレンジする」という状態で意欲は高いのですが、能力（知識・経験・スキル）が十分ではありません（R2）。プロセスリーダーは自分ですが、必要な能力をサポートしてくれるコンテンツ・リーダーシップが必要です。だれからどんなリソースを手に入れるか、これが重要です。どのようなコンテンツ・リーダーシップが必要かを見極めるヒントは、次の二つの質問です。

自分が「こうしたい！」というタスクを進めるには、

・どのような指示的行動や協労的行動が必要か？

・どのようなパワーが必要か？

スティーブンの「サンディエゴと横浜をつなぐ教育交流に貢献すること」というタスクに対するレディネスはR2だと診断しました。状況対応リーダーシップ®によれば、R2に有効なリーダーシップ・スタイルは指示的行動も協労的行動も多いS2（説得的スタイル）です。

指示的行動は**「いつ、だれが、なにを、どのようにするか」**を細**かく丁寧に説明し、能力（知識、経験、スキル）を伸ばすリーダー行動**です。たとえば、サンディエゴの教育事業に詳しい人から教えてもらったり、横浜の教育事業に詳しい機関から必要情報を集めたり、国際協力や国際相互交流に詳しい人々から専門情報や専門知識を入手する。

あるいは、出版物やインターネットで必要な情報を調べたり、この分野の体験ができる場を探したりすることです。こういった人々や機関や情報や場は、みんなタスクを進めるためのリソースになるので、コンテンツ・リーダーシップになります。

協労的行動は、**双方向コミュニケーションを通して、確信・意欲（自信、コミットメント、動機）を高めるリーダー行動**です。まだ、タスクを進めるための十分な能力はないけれど、「こうしたい！」という意欲が高い場合、たとえば、専門家や有力な人に自分が正しい方向に向かっているのか確認したり、失敗して落ち込んだときに慰めてもらったり、支援してもらうことで自信や意欲が高まります。そのような支援や労りが協労的行動です。協労的行動は、必ずしも助けるとか励ますとか笑顔といった行動で示される必要はありません。

図表20　R2とS2の適合

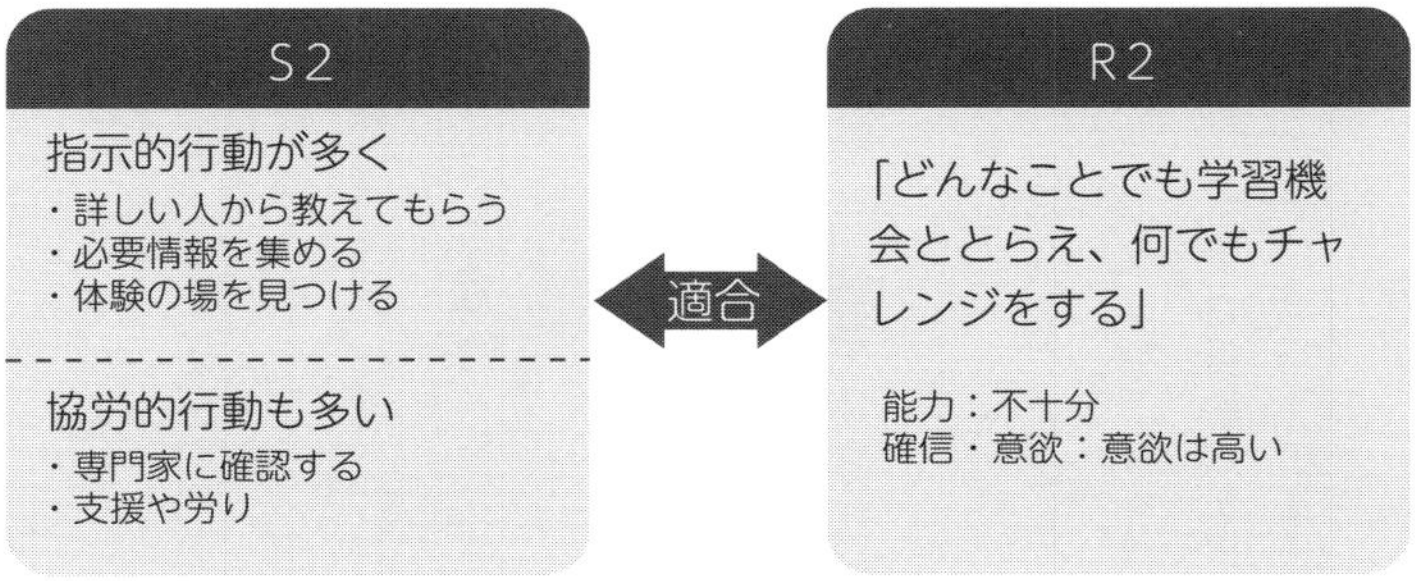

静かに影で見守る（なにもしない）ことも、リーダーが存在するだけで相手の自信や意欲が高まるなら協労的行動になります。

次にR2に効くパワーについても考えてみましょう。

R2に効くパワーは、コネ力、褒賞力、公権力です。コネ力は、たとえばサンディエゴや横浜や国際協力関連の有力者とのつながりです。公権力はそういった有力な組織や機関とのつながりやそこでの肩書や地位があることです。褒賞力は、そういった有力者や組織から認められることなどが考えられます。確かにR2のスティーブンにとって、やり手のバーンズ校長との関係、サンディエゴや横浜の各種団体との協力関係などは、自分のタスクを進める上で大いに役立っているようです。

実際にスティーブンが行っていることを見てみましょう。

・バーンズ校長の仕事を助けること、それによって自分の教育交流への参画度を増やす
・横浜市との連絡担当者として活動すること、それによってバーンズ校長を支援でき、自分の存在感も高められる
・バーンズ校長の行動から、リーダーシップを学習する

バーンズ校長は学校運営の実績もあり、新規事業にも長けた地元の有力者です。まさにコネ力として有効なコンテンツ・リーダーです。また、サンディエゴ・横浜市の姉妹都市交流会も大都市を結ぶ公的な交流会として十分な公権力があります。バーンズ校長や姉妹都市交流会から、スティーブンの実績が認められることは、スティーブンにとって大きな褒賞力になります。

このような活動がすこしずつ成功することで、スティーブンの「サンディエゴと横浜をつなぐ相互教

育活動に協力する」のレディネスは高まり、一つの成功体験になっていき、成功体験を積み重ねることで、さらなるチャレンジに挑戦したいという動機づけも高まります。

「○○したい」という方向性を後押しする成功体験

成功体験が動機づけや成長にとってプラスであることは、よく聞かれます。ここで、動機づけについてもう一度考えてみましょう。

「動機づけがうまくされないと、本来の能力のたった20~30%しか発揮できません。しかし、動機づけがうまくなされると、本来の能力の80~90%まで発揮する」という調査結果があります(行動科学の展開11頁)。言いかえると、本来は同じ能力なのに、動機づけがうまくされないと、能力が高い人と低い人ができてしまうということになります。

ところで、動機と欲求はよく同義語として使われます。動機も欲求も「○○したい」という気持ちを表しています。「動機は、意識されているか否かに関わらず、目的を指向している(行動科学の展開 27頁)」と指摘されていますが、この表現からも動機には方向性があり、その方向性に向かわせることが「動機づけ」だと理解できます。動機はまた、「行動力の源泉」と表現されることもありますが、このことは、行動に動機づけが不可欠であることを示しています。

一方、「欲求」はなにかと考えると、方向性にかかわらず、人間の根源的な深層部分に根ざしたものだと考えられます。たとえば、「食欲」という欲求がある場合、食欲を満たす方向には「自宅で食べる」「外食する」「和食、洋食、中華にする」「自分で作る」「だれかに作ってもらう」、あるいは不謹慎ですが、「無銭飲食する」「拾う」などあらゆる方向があります。欲求のままの状態では、食欲さえ満たせばなんでもいいという状態です。しかし、「今日はどこどこに、和食を食べに行こう」というように方向性があると、「外食したい」「和食を食べたい」という具体的な動機「○○したい」が直接、行動に結びついてきます。

このように人間の中に存在する欲求(どの方向もOK)に、一定の方向性が与えられたものが動機であり、その方向性を与える行為を動機づけだととらえ、本書では学習を進めていきます。

欲求には5段階あり、低い段階の欲求は不満をもたらし(環境要因)、高い段階の欲求は満足をもたらす(動機づけ要因)ということを先に紹介しました。

このことから低い段階の欲求は満たすことができても不満を解消するだけなので、「動機づけ」には高い段階の欲求、自我自尊や自己実現に対する「働きかけ」が必要だということがわかります。たとえば、目標、成功体験、期待、達成感などがキーワードになります。

「目標指向行動」と「目標行動」は交互に使おう

動機づけに必要な方向性は、「目標」と呼ぶこともできます。目標に向けて動機づける行動には、次の2種類の行動があります(行動科学の展開 33〜34頁)。

・「目標に向かわせる行動(目標を指向させる行動=目標指向行動)」
・「目標そのものを入手する行動(目標行動)」

たとえば、スティーブンの場合、「有力者であるバーンズ校長と知り合いたい」という動機がありました。バーンズ校長と知り合いになるための行動が「目標指向行動」です。たとえば、サンディエゴ地元団体の知り合いにバーンズ校長を紹介してもらう、バーンズ校長に手紙を出すなど、バーンズ校長に至るまでの行動すべてが該当します。「バーンズ校長」は、目標行動になります。

動機づけで重要なことは、「目標指向行動」と「目標行動」を交互に使うことです(行動科学の展開 34頁)。バーンズ校長と知りあうための模索(目標指向行動)ばかりで、いつまでたっても知り合えないとしたら、動機が減退してしまいます。

また、簡単にバーンズ校長に会えたり、協働が努力しなくてもうまくいったり、簡単に欲しいものが手に入れば、チャレンジすることではないので次第に飽きてしまいます。

動機づけでは、不可能なことばかりでもだめですし、簡単すぎてもだめだということがわかります。「最も強く動機づけられるのは成功率50%のときで、成功率がそれより高くても低くても動機が減退する」という研究があります。

このことから目標にはマイルストーン(中間目標)を設定して、長期目標には中間地点を置き、成功率50%に感じられるようにするという方法が有効です(行動科学の展開 35~36頁)。

バーンズ校長やスティーブンの場合も、地元サンディエゴから人脈作りをスタートさせたり、慣れている教育事業で新規事業を開拓したり、中国で成功したら台湾にも働きかけ、次に同じアジアの横浜に働きかけたり、というように、一つひとつ行動を展開させていることも成功率50%とは無関係ではないかもしれません。

動機づけのプロセス

「○○したい」という目標に対して、「過去にもできたから、今回もできる」と「この目標なら私もできそう」と感じられれば、目標に対する行動は開始されると言われています。「過去にもできたから、今回もできる」は「期待」と呼ばれ、「この目標なら私もできそう」は「入手容易性」と呼ばれます。期待や入手容易性が高まることで、欲求も高まり、動機づけされ、行動につながり、うまくいくという循環は、有効循環と呼ばれます(行動科学の展開 36~39頁)。

動機づけの考えにもとづき、どのような人が高い成果を上げるのか、ハイパフォーマーの動機を研究した「有能さを求める動機」があります。

「有能さを求める動機」は、子どもの頃から成功体験の多い人に見られる動機です。成功体験が多いと有能感が強くなり、人生を明るくとらえ、新しい状況に対しても克服しようと、積極的にチャレンジします。

一方、失敗体験が多いと有能感は弱く、チャレンジしたり、リスクをとる姿勢に欠けたり、周りに働きかけるよりも、周りに流されてしまう傾向があります。

有能感の強い人はチャレンジする機会が与えられると、能力を最大限発揮し、大きな成果を得ることができると言われます(行動科学の展開 54~56頁)。

バーンズ校長は、学校運営のベテランであり、他の地区で多くの成功体験があります。そういった成功体験がもたらす有能感から、貧困環境という困難な状況でありながら、カリフォルニア州で初めてという2カ国語公用語プロジェクトにチャレンジする気持ちになったと考えられます。

しかし、こういった有能感の強い人たちが、単純作業の繰り返しや厳格な監督がある場に置かれると、欲求不満に陥ってしまい、別の環境や組織に移ってしまいやすいと言われます。

動機は欲求不満によって減退する

「○○したい」や「○○が欲しい」といった動機が複数あるとき、その時点で最も強い動機(最強動機)が行動を決めます。行動して達成したり、入手したりできれば、欲求は満たされます(欲求の充足)。欲求は充足されると減退してしまうので、動機づけにならなくなります(動機の減退)。行動しても達成されなかったり、入手できなかったりすれば、欲求は阻止されます(欲求の阻止)。

このプロセスは、あたりまえのように感じられ、特に注意する必要がないように思われるかもしれませんが、欲求や動機を扱うリーダーシップでは、非常に重要なプロセスです。

たとえば、現代社会に気持ちが沈んだり、落ち込んだ気

図表21 動機づけのプロセス

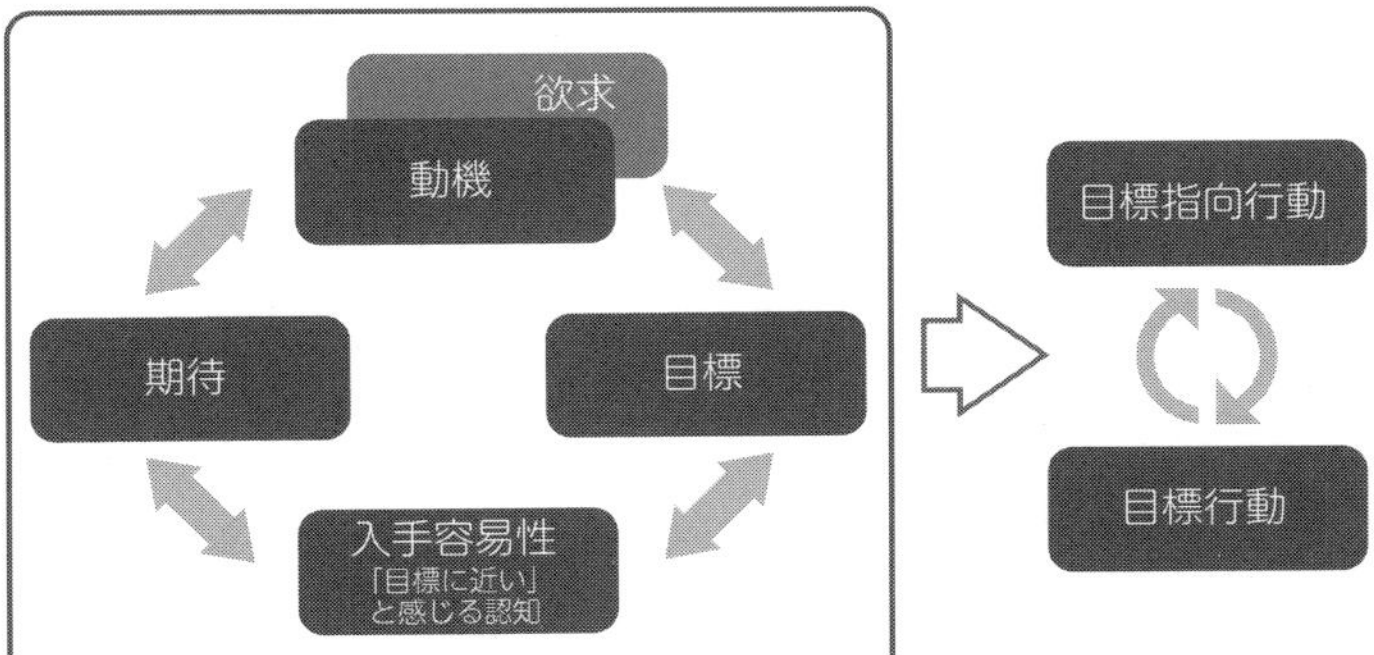

参考：「新版 入門から応用へ 行動科学の展開」p.39-40 を元に作成

分になったりすることが多いとしたら、欲求や動機のプロセスのどこかに問題があるのではないかと考えることができます。この点については、PART3でもう少し詳しく考えていきます。

欲求は阻止されると、まず欲求が弱まり、そして、最初のうちは理性的に試行錯誤しながら問題解決をめざしたり、障害を克服しようとしたり、心理的緊張を和らげるなどの「理性的な対処行動」をとります。それでも解決できないと、次第に「非理性的な対処行動」をとるようになったり、欲求不満に陥ったりします(行動科学の展開 27~31頁)。

非理性的な対処行動の例として、認知的不協和があります(行動科学の展開 29~30頁)。これは、「自分の認知」と「周囲の認知」が相容れないと不協和が起こり、不安定な心理的緊張が生まれます。そして、その緊張を緩和しようと、人は認知内容のどちらか一方を本能的に修正する非理性的な対処行動をとろうとします。

たとえば、愛煙家がタバコの健康被害に目をそらしたり、失敗の原因を追及されたとき、直接は関係ない他の不具合に話題をそらそうとしたり、認知的不協和が高くならないように、自分の考えにあうように情報を解釈しようとします。

欲求が阻止され欲求不満が起こった場合は、次のような非理性的な対処行

図表22　動機の減退が起こる場合

欲求が充足された場合	・目標達成
欲求が阻止された場合	・理性的な対処行動（試行錯誤、問題解決、心理的緊張の緩和） ・非理性的な対処行動（認知的不協和） ・欲求不満（攻撃、合理化、退行、固定化、無感動）

動が起こります（行動科学の展開 30～31頁）。

・攻撃：敵意や暴力などの破壊的行動をとる
・合理化：いいわけや失敗を他人のせいにする
・退行：建設的問題解決を放棄し、子どもっぽい行為に走る
・固定化：役に立たないとわかっているのに、同一行動パターンを繰返す
・無感動：現実逃避に走る

STORY①の「部下を『ロボット扱い』する困った女性上司」の由美さんは、山口部長から厳しい叱責を受け続け、スタッフとも他部署とも積極的にコミュニケーションをとろうとしていた欲求は阻止され、ついには「無感動（現実逃避）」になりました。そして「与えられた仕事だけをやり、そのほかの仕事には一切手を出さなくなった」「成果も落ちた」状態になってしまいました。

役割で異なってくるリーダーシップ

リーダーシップとひと言で言っても、役割によって必要とされる働きが異なります。たとえば、STORY⑦のバーンズ校長が小学校を存続させ発展させるのに必要とされているリーダーシップ、小学校の教員たちを管理するために必要とされているリーダーシップ、直属部下から必要とされているリーダーシップなど、それぞれ異なる働きのリーダーシップです。

これをわかりやすく示しているものが「ビジョンから成果へ（Vision to Result：VTR）モデル」です（行動科学の展開 94～97頁）。

バーンズ校長が小学校を存続させ発展させるのに必要とされているリーダーシップは、**経営を行うリーダーシップ**です。環境にあわせてどのように小学校の能力を適応させて運営していくか、どのような使命やビジョンを持って事業活動を構築していくか、どのような特色のある小学校にするかという戦略など、トップリーダーシップの働きです。

そういった経営のリーダーシップのもとで、チーム全体の力を結集させてビジョンや目標にベクトルをあわせるのが、メンバーを**活性化させるリーダーシップ**です。ここでは、チームの活力をひとつの焦点にあわせるチームリーダーシップが必要になります。また、個々のメンバーがタスクを進めるためには、能力や確信・意欲を成長させる**育成のリーダーシップ**が必要になります。

貧困環境で資金もほとんどないバーンズ校長の小学校が、新しいビジョンに向けて活動するためには、ビジョンや目標もタスクも必要ですが、ＶＴＲモデルでは、そういった知的な「意思決定の側面」だけではなく、気持ちや価値観や意欲といった「人間の側面」も同じように考慮しなければならないとしています。「人間の側面」を考慮する上で、最も簡単な方法はレディネスを使うことです。

図表23はＶＴＲモデルを簡略してまとめたものです。

経営のリーダーシップでは、小学校全体が組織としてバーンズ校長が掲げたビジョンや戦略に対して準備ができているのか、方針は決まっているのか、制度は整っているのか、利害関係者の理解は進んでいるのかなど、「組織レディネス」を診断します。

活性化のリーダーシップでは、小学校の教員やスタッフたちのベクトルが目標に向いているのか、全体のコミュニケーションはどうなのかなど、チームレディネスを診断します。育成のリーダーシップでは、小学校の教員やスタッフたちそれぞれのタスクに対する能力や確信・意欲を診断します。

経営のリーダーシップ、活性化のリーダーシップ、育成のリーダーシップなどこれらすべてのリーダーシップをバーンズ校長が担うのではなく、チームや組織が大きければ、それぞれの働きに応じたリーダーたちが必要になります。

リーダーが増えれば、お互いの役割を連結ピンとしてつなぐことになります。あるいは、小さなチームでのリーダーシップや起業活動やS・L・セルフ®では、このようなリーダーシップの働きすべてを、一人が担うこともあります。

ところで連結ピンですが、トップ、ミドル、ロアー管理職という階層が主流だった伝統的なピラミッド組織で考えだされました。このリーダーが軸となって関係者たちをつなぐという役割は、現代のフラットなチーム組織やフリーランスのネットワーク組織でも有効です。

図表23 リーダーシップの異なる働き

働き	意思決定の側面	人間の側面	リーダーシップ
経営	使命・ビジョン 戦略	組織レディネス	構築する 調整する
活性化	目標	チームレディネス	焦点をあてる
育成	タスク	個人のレディネス	エンゲージ エンパワー

出所：「新版 入門から応用へ 行動科学の展開」p. 97 VTR 図を元に作成

連結ピンでつながったネットワーキング

バーンズ校長のリーダーシップの行動からは、期待、有効循環、成功率50%、成功体験、有能感などの強い動機づけがあり、経営のリーダーシップがあることがわかりました。もう一つ大きな特徴があります。それは、ネットワーキングです。

自分でなにか始めようとする起業家や、S・L・セルフ®、またチームや組織のリーダーとしてなにか始めようとするときは、そのタスクを進めるためのヒト、モノ、カネ、情報、その他のリソースを調達するネットワーキングが重要です。特にほとんどリソースを持たない個人や小さなチームにとってネットワーキングは非常に重要です。

バーンズ校長の場合は、教育水準も低く資金もほとんどない小学校に赴任してきて、この小学校を「カリフォルニア州で初めて英語・中国語の二重公用語の小学校にする」という強力ブランドの構築という壮大なビジョンを掲げました。

といっても、資金がないため、まずは、資金獲得のため、地元コミュニティや地元のさまざまな団体に足しげく通い、自分のビジョンを精力的に伝えるという地道な活動を続けました。

このような行動は、**もともとはつながっていなかったネットワーク**の一

図表24　フラットなチーム組織における連結ピンの働き

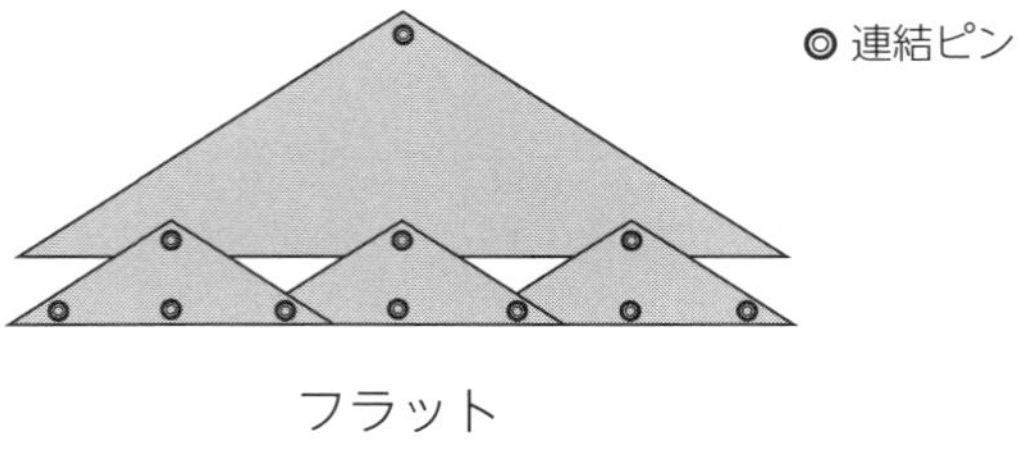

つひとつに連結ピンを刺すようなリーダーシップだと考えられます。

もともと地元コミュニティや地元団体には、この小学校をブランド化させようという意識はなかったので、目標達成へのレディネスは低い状態でした。

低レディネスのフォロアーから支援や協力を得るためには、詳しい説明をするS1（教示的スタイル）や、なぜその目標に価値があるのかを説得するS2（説得的スタイル）が必要です。

また、低レディネスの状態に効くパワーはコネ力、褒賞力、公権力などです。地元コミュニティや地元団体にとって、大きな力を発揮したのは、ブランド化という褒賞力だったかもしれません。

小学校がブランド化されると地元コミュニティや団体も恩恵を受けることができるからです。その褒賞力が強ければ強いほど、バーンズ校長のネットワーキング力も高まります。

図表25 ネットワークにおける連結ピンの働き

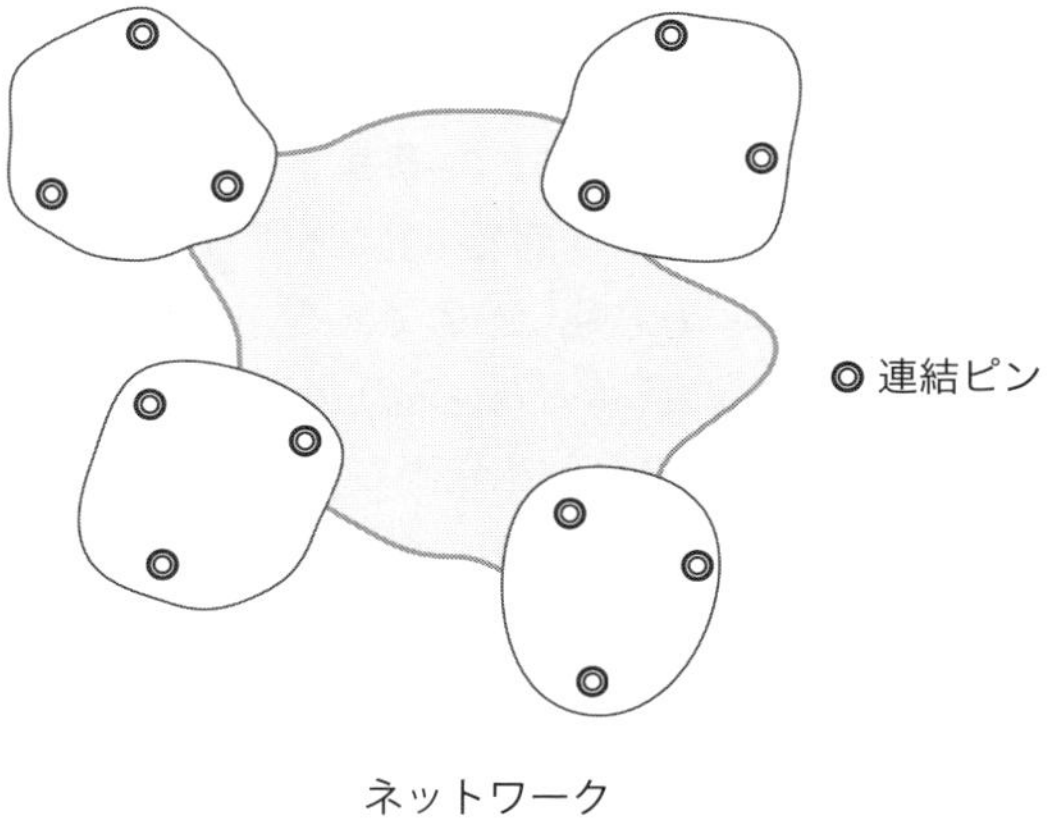

Column

自分で道を切り開くS.L.セルフ®

ホームレスを人材として受け入れ農業をはじめた主婦

子育て中の主婦Aさんは、結婚前から農薬・化学肥料に頼らない農業にこだわり、農家を回って声を聞き、農薬・化学肥料を使わない農家を応援する通販サイトを立ちあげた。子育てが落ちつくと、この通販用の商品で売り場を作り、自身も野菜などの栽培を始めることにした。

しかし、ひとつ気がかりなことがあった。それは、田舎から都会に出ると、都心ではホームレスが生活し、人々は無表情に街中を行きかっていることだった。そんな現実から「農業の後継者不足と仕事に恵まれないホームレスという、異次元の問題を結びつければ、雇用の場を広げることができるはずだ」と強く思うようになった。

夫や周囲の人たちに相談すると「ホームレスと農業をする」ということに、みんな否定的であった。それでも諦めずにいると、ある財団がビジネス・コンテストの募集をしていることを知った。自分のビジネス・プランを客観的に評価してもらえる絶好のチャンスととらえ、早速応募したのである。

並みいる審査員を前に「ホームレスの食と職をつくる『レンタル家庭菜園』」と題し、その思いを発表した。

その結果は、社会起業家部門での最優秀賞の受賞であった。これを機に夫や周囲の人たちも、ビジネス・プランの確かさとAさんの思いの強さを再認識し、喜んで支援を約束してくれた。

四人の話は白熱し、前とはうってかわって元気な表情を見せる佐々木がこう切り出した。

「リーダーシップはどうやら、チームメンバー、一人ひとりに関わるものみたいね。そういえば、私の友人が若くして会社の上場のプロジェクトチームに抜擢されたことがあるの。そのときのチームに不思議な流れで一体感が生まれたの。なぜそうなったのか、ということね……」

＊　＊　＊

8 上場プロジェクトに部署を超えて選ばれた三人
「今のチームで果たしてうまくいくのか？」

数年前、取締役企画室長の吉田はC社の上場プロジェクトメンバーとして選ばれた。しかし、途中別の部署への異動もあり、プロジェクト活動からは遠のいていた。ところが、幹事証券会社からの意向を受けて、上場まであと1年半という切羽詰まった状況で、吉田室長は今回、責任者としてプロジェクトに呼び戻された。

「上場まであと1年しかないぞ！　沢口総務課長と社長室の野村にメンバーになってもらう」

と、ただでさえ威圧的な社長は、いっそう威圧的に檄《げき》を飛ばしながら、新しく三人のメンバーでプロジェクトを再スタートさせた。

沢口総務課長は株式事務や社内規定に精通しており、文書作成能力も高い古株のベテラン社員である。チームでは、社内規定集の見直しや整理を担当することになった。社長室の野村は、中途採用者が多いC社ではめずらしい新卒入社でチーム最年少、外資系企業を主得意先とするパソコン販売部門に配属されている。論理的思考能力が高く問題解決力にも長けており、成績もトップクラスでプライドが高いという印象がある。吉田室長より10歳ほど若かった。

あと1年しかないという土壇場の状況で、別々の部署からメンバーが召集され、ようやく上場プロジェクトチームが正式に発足した。三人は専用の会議室に集まり、なぜこれまでプロジェクトがうまくいかなかったのかについて話し合った。

「メンバーが通常業務との兼務で集中的に取り組めなかったんじゃないか」

「しかも、そもそもだれが責任者かもはっきりしていなかったと思う」

「プロジェクトの全体像も、具体的な活動計画も曖昧でしたね」

それぞれが、うまくいかなかった理由として、このような共通認識をもった。

しかし、全体像や目標をしっかり定め、具体的な計画のもとでロジカルに進めたい野村は、「今のチームで果たしてうまくいくのか?」と、気がかりである。吉田室長からすれば、それは野村が吉田へのリーダーとしての資質に懐疑的な態度にもとれた。チームのなかに不安感や不信感が漂い、ちぐはぐした雰囲気から始まった。

プロジェクトの中心的作業は、「有価証券報告書」という分厚い資料を作成することである。その作業量は膨大なものであった。年配でベテランの沢口総務課長や、プライドが高そうでリーダーとしての自分を受け入れない野村とともに、たった1年でこの膨大な作業をどのように進めたらいいのか、吉田室長は思い悩んだ。

「指示や命令はできない、しても反論が返ってきそうだ。かといって、やらなければ社長の怒鳴り声を聞かなければならないし……」

そんなとき、ふっと進行方法のアイデアを思いついた。それは、指示や命令を直接しなくても、作業を進めてもらう方法である。

進め方はシンプル、それぞれの項目に関連する資料を順不同で、該当するファイルボックスにどんどん入れていく。言葉で、「○○の作業を、こうこうこのように進めてください」と細かく説明しなくても、手にした書類を該当するファイルボックスのなかに入れてもらうだけである。

吉田室長は、自分のやり方に懐疑的な野村には、言葉で説明するよりも、ファイルボックスや書類が目の前にあることで「なにをすべきか、どうすべきか」が明白になり、説得力があるのではないかと考えた。初めに最終ゴールを具体的なカタチで示し、全員がそれをイメージとして共有する。進行状況もメンバー全員が目にすることができる。

進めていくうちに、他の項目にも関連がありそうだと思えばコピーをとり、関連するボックスにも入れておくというルールができた。徐々にチームのなかで自由な意見交換がなされ、共通のゴールと作業の全体像が明確になり、やるべきことが見えてきた。

ルールは作成した資料、収集した資料は必ずファイルボックスに入れること。そして、その報告を全員にすること。動きがダブるときは、「早い者勝ち」。

それぞれが勝手に動いていたが、「早い者勝ちルール」により書類が重複することはなく、有価証券報告書作成のための書類整理という軌道も外れることはなかった。ルールが習慣化されていった段階で、吉田室長は自分も含めメンバーの行動は各自に任せることにした。自分がこれと思ったことから始めることでOKとした。その自由度がチームでの動きやすさに広がり、お互いへの信頼感も増していった。

ある程度作業が進み、プロジェクトの工数が予定よりも膨大なものになることが明らかになった。

そして吉田室長はこのタイミングで、近くのビジネスホテルの1室を6カ月先まで確保することを二人に提案した。三人とも期限が迫るごとに熱を帯びていき、3カ月後にはホテルの部屋は2部屋になり、半年後には3部屋になっていた。

三人はプロジェクトに没頭し、まさにチーム一丸となって上場を果たしたのである。

*　*　*

由美は、陽子が得意とするオリーブオイルの効いた魚料理をつつきながら、谷中に向かって言った。

「これって、やっぱりチームで取り組む良さですよね。一人ひとりの力はそうたいしたことなくても、結集すれば知恵も出るし、やる気も倍増する。プラスのスパイラルが働いてチームとして成長する」

「自ずとメンバーそれぞれのリーダーシップが発揮されるんだよな。これもリーダーシップの理想的な発揮のされ方だ。こういう経験って、一度すると、別のできごとがあったときに、そのことが思い出されて、もう一度エンジンがかかりやすくなる」

「あっ、わかります、それ。高校のときのサークル活動がちょっと近かったですよね。みんなが一丸となって、いつの間にかだれがリーダーかわからなくなって。みんなが自ら動く……。私もその経験があるから、今の職場で部長とのやり方が合わないのかもしれない」

どうやらリーダーシップにもかなり多様性があるようだ。セルフリーダーシップ、チームへのリーダーシップ、ネットワーキング、メンバーのリーダーシップを引き出すリーダーシップ……。

「日本には100年以上続いている企業もそうなくはないぞ。家族経営だと、ある一面では非難されがちだが、そこには企業の使命である〝永続していく〟ということがしっかり実現されている。これもまた一つのリーダーシップのカタチだと思うんだ」

谷中は昔、クライアントだった企業から聞いた、老舗菓子店の話を始めた。

9 4代目は息子か、娘かで揺れ動く老舗和菓子店社長
「明治時代から作り続けたお菓子の味を守ります」

全国の百貨店を顧客に持つ老舗菓子店Kは、明治時代からお菓子を作り続けている。ここの和三盆を使った上品な味は長年、多くの人に好まれた。そして店は歴代、取引先をはじめ豊富な人脈を持つ。数年後、創業150周年を迎えるにあたり、3代目社長は長男に経営を任せようと思っていた。

経営方針については、ときどき長男と衝突することはあるが、幼い頃から自分の背中を見て育っていて、今日まで「あうんの呼吸」で仕事をしてきた。

また、3代目になってからは、全国展開が始まり、お茶席でもK店のお菓子が出され、久しく人気を博してきたのだ。伝統の味を守りつつ、時代のニーズに合わせて「素材・味・見た目・口当たり」など、創意工夫を続けている。3代目のお菓子作りに傾ける情熱にはだれもが圧倒された。3代目を慕う従業員は多く、これまで特段の問題もなく順調に経営を続けてきた。

4代目となる長男は、実直で3代目の考え方を理解し、伝統を守ろうと日々修業に励んでいた。多少、融通が利かないところがあるが、菓子職人たちとの軋轢《あつれき》もなく、3代目は安心していた。K社は全国展開したことで、今ではかなりの従業員数となった。

社長が今年の創業記念日に講話した中で「創業150周年を迎えるときには長男に代を譲る」と宣言した。従業員の予想通りだったのか、温かい拍手の中で終了した。しかし、従業員の中には、長男の経営者としての手腕は如何かと疑問を感じる者もいた。

1週間後、日本で経営学を学んだ後にパティシエになるため、パリで修業をしていた長女が帰国した。そして、弟が4代目になることを知り、とても喜んだ。

長女は修業の成果を見てもらいたいと思い、いくつか創作菓子を振る舞った。すると、家族を始め従業員から絶賛された。その後、長女は店の手伝いをしながら、洋菓子の創作を続けた。

1カ月を過ぎた頃、従業員たちから店舗内で洋菓子の販売をして欲しい、という提案書が出された。中には、喫茶コーナーを設けて欲しいという内容もあった。これまで業務を拡大してきた3代目としては、従業員の声を無視することもできず、少し検討してみようと思った。しかし、古参の従業員たちと長男は、伝統を守るべきだと、あまり快く思わなかった。

「お嬢さんのお菓子って繊細な味でありながら、華やかさを感じない？」

「私も好き！　うちの店でも販売したらいいのにね。若い世代の人たちに好まれるお菓子だと思う」

「パリで修業なんて、ステキ！　憧れるわっ！」

「大学で経営も学んでいるんだから、息子さんより4代目にふさわしいじゃない？」

「そう？　息子さんの作ったお菓子は、伝統の味をそのまま受け継いでいるし、堅実な経営をしそうで安心じゃない」

「息子さんは、和菓子づくりには熱心かもしれないけど、ちょっとねぇ」

「そうだね。無口で、従業員と会話しているところをあまり見かけないし、接客も苦手そう。なんとなくだけど、ついていけない感じ」

「歴史のあるお店は、伝統を守ることが使命だから。やっぱり息子さんで決まりでしょ」

若手従業員の間で、まるで長男派と長女派に分かれて議論しているような、これまでにない職場の雰囲気が漂っていた。若手に限らず、従業員の多くが、二人の仕事振りを気にし始めた。

ほどなくして、3代目も従業員たちの噂話を耳にすることとなった。確かに、長女は経営の知識もあり、お菓子作りへの情熱もある。なにより社交術に優れ、若手従業員たちから多くの支持を受けていた。長男も和菓子作りの腕を磨き続けて、伝統の味を伝承する者としては、申し分ない存在であったが、経営のことは疎く、これから徐々に経営のイロハを教えようと3代目は思っていた。

紆余曲折を経て、今日まで老舗店の経営をしてきた3代目としては、存続は使命と言える。お店を支えているのは、もちろんお客様であり、従業員である。その従業員たちから「4代目は長女に」という声があがってきて、みんなの柔和だった表情が、だんだん厳しくなってきたように感じた。

3代目は、これまで築いてきた職場風土に変化がみられたことで、お店の雰囲気が変わり、お客様離れにつながるのではと危惧を抱いた。経営者の代が変わるときには、辞めていく従業員も少なからずいる。頭を悩ませた3代目は、改めて創業者である祖父が築いたお店の伝統を守り続けることが、自分の使命であると思い直った。

そして長男に代を譲ると宣言してから、2カ月足らずではあったが、3代目は定例会議の席上で社内通達文を出し、

「明治時代から作り続けてきたお菓子の味を守るため、長男に代を譲る」

と宣言したのだった。

＊　＊　＊

「家族経営は、時代が変わったり、経営者が変わると屋台骨がブレていくという問題を常にはらんでいるよね」

谷中は陽子に顔を向けた。

「経営者が〝伝統を守り続ける〟という使命をだれよりも強く持ち、ときにはそのリーダーたる権威を行使するって、とても大事だと言う、一つの事例だと思うわ」

「この例はまさに職位がものを言うものだけど、常日頃からトップが従業員との信頼関係を保ち続けていないと、いざというときの一言が効かない。そういう意味ではこの経営者も経営のある側面だけをみてこの店を守って来たわけじゃないということがうかがえるよね」

こうして四人の白熱した日曜の午後の議論は、すっかり日が暮れるまで続いた。

ここまで話をしていて、谷中たちはリーダーシップの多様性に改めて驚きを感じずにはいられなかった。

さらに時代が変わりながらも、変わらないものもある。今まさにそれぞれがそれぞれの立場からのリーダーシップが求められているのではないか。言ってしまえば**「だれもがリーダー」**になりうるのである。自分自身へのリーダーシップ、自分の人生へのリーダーシップ、家族という単位でのリーダーシップ、地域社会、企業社会、ネットワーク型のつながり……というように。

もしかしたら、これまでのようにだれかがリーダーになり、その人がリーダーシップを発揮していればいいのではなく、あらゆる人がリーダーシップを発揮することで生き方そのものも変わり、お互いを尊重しあえる、そんな社会になることだって考えられる。

四人は話をしているうちにますます、リーダーシップの未来の可能性について探りたくなってきた。

後日、さらに周りで聞いてきた話を持ち寄り、話を深めることにした。

POINT タスクを知らないとリーダーシップはうまくいかない

STORY⑧ですが、なぜ吉田室長のチームは、それぞれが能力を発揮し、一丸となって上場できたのでしょうか。

チームには、吉田室長のリーダーとしての資質に懐疑的なメンバーもいる、ちぐはぐした雰囲気から始まっています。そんなちぐはぐな状態に対して吉田室長は、強力なリーダーシップをとったわけでもありません。

その中で行ったことはたった一つ、ファイルボックスに資料を入れるように指示しただけです。このストーリーで興味深いことは、リーダーシップを「ヒト」ではなく、「モノ」に担わせている点です。吉田さんは、S1やS2という教示的スタイルや説得的スタイルをとる必要がありましたが、自らは直接指示を行わず、必要であれば支援するというS3(参加的スタイル)、あるいは見守るS4(委任的スタイル)をとっていました。

メンバーは文書作成能力や論理的思考・問題解決能力についてはR4の二人ですから、たとえ専任リーダーであっても、得意分野で門外漢がごちゃごちゃいわれるのは気に入らないかもしれません。

そこで考え出されたどのような資料であれ、徹底的にファイルボックスに入れるというたったひとつの指示は、吉田室長のすべてのS1(教示的スタイル)を代弁しています。ファイルボックスに資料をいれることで、全員が最終ゴールをイメージできるようになりました。

どんなに勝手に動いても、ファイルボックスにすべてが入るので軌道を外れることはありません。ファイルボックスさえ整理すれば、漏れはありません。ファイルボックスをもとに、自由な意見交換も行われ、それぞれの作業が明確になり、報告もルール化されました。

ファイルボックスの存在が、メンバーの役割期待(なにをすべきか)、タスクはなにか(具体的なステップ)、タスクの期待基準(どのようにすべきか)を示していました。タスクが明確化されることで、どのメンバーも安心して自律的に目標達成まで突き進むことができました。

同じ目標をもつチームを成長させるリーダーシップ

ここで、チームについて考えてみましょう。個人への育成のリーダーシップとは異なるリーダーシップ、チームの活性化やチームビルディングが求められます。

メンバーが複数いる場合、リーダーが複数いる場合、メンバー全員がなんらかのリーダーである場合など、集団や組織になると、働きかけも複数になったり重なったり、リーダーシップも複雑になります。

チームは二人以上の集団です。集団にはいくつかの表現があり、群衆、組織、グループ、チームなどです。これらについて状況対応リーダーシップ®では、次のように整理しています(行動科学の展開341頁)。

・群衆：共通の目的を持つ二人以上
・組織：明文化された公式の目標を持つ二人以上
・グループ：個々人の必要を充足する上で、構成員の存在と相互依存が不可欠である組織

・チーム：公式の作業グループ

たとえば、あなたがA地点まで歩いていくとします。すると、あなたと並行して歩いている人がいます。この人とあなたはA地点まで歩くという同じ目標を持っているので**群衆**です。群衆はお互いに助け合い、お互いを必要とし合うと**グループ**になります。

もし二人が健康のために、週2回、A地点まで一緒に歩こうと取り決めたとしたら、公式の目標やルールに合意したことになるので、二人は**組織**になります。

組織では、二人が同じ目標を持ったということではなく、目標に合意したことを意味します。お互いに助けあうグループが、同じ目標を持ったら**チーム**と呼ばれます。

メンバーが高レディネスでもチームが高レディネスとは限らない

チームリーダーシップは、チームレディネスを診断することから始まります。個人のレディネスは、「能力」と「確信・意欲」で診断しました。チームレディネスでは、「目標や役割の共有」と「コミュニケーションの共有」で診断します。

・チームの能力：メンバーが目標や役割をどの程度、共有しているか

・チームの確信・意欲：メンバーがコミュニケーションをどの程度、共有しているか

メンバーがそれぞれ高レディネスだとしても、チームレディネスが高いとは限りません。全員R４でもベクトルがバラバラだったり、コミュニケーションが悪かったりすると、チームレディネスがR１になることもあります。

ですからチームが一丸となってタスクを進めるためには、メンバーが同じ目標に向かっていること、お互いの役割がなにであるか理解していること、コミュニケーションが相互に行われていることが必要です。

図表26は、メンバーをベクトルで表したものです。チームの能力は、メンバーの力（ベクトル）が目標に向かって行動しているかどうか、確信・意欲は、メンバーの連携（コミュニケーション）が目標達成に貢献しているかどうかで示されます。

メンバーの力（ベクトル）がバラバラな方向に向かっていて、メンバー間の連携（コミュニケーション）がほとんどない場合、能力も意欲も低いＲ１と診断されます。

メンバーの力が結集され、メンバー間の連携も一体化して進んでいれば、能力も意欲も高いＲ４と診断されます。

「R1」から「R4」へ成長をうながす

チームをＲ１からＲ４の状態に成長させようというのがチームリーダーシップです。チームリーダーシップでも指示的行動と協労的行動を用いて、最適なリーダーシップ・スタ

図表26 チームレディネスの変化

R4	R3	R2	R1
一体化しており、相乗効果がある。自己管理できる。	一緒に行動している。	異論や対立、競争がある。	まとまりがなく、混乱している。

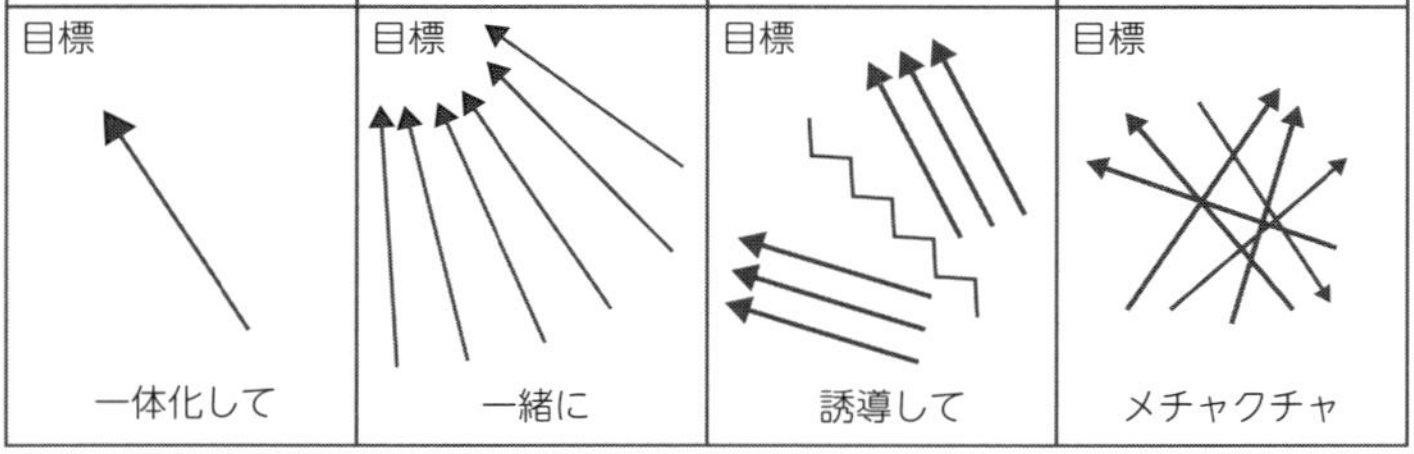

出所：「新版 入門から応用へ 行動科学の展開」p.343

イルを考えます。

チームリーダーシップにおける指示的行動とは、メンバーの力(ベクトル)を目標に向かわせて行動させようとするリーダー行動です。チーム目標を設定し、メンバーの役割や責任の分担を明確にし、「いつ」「どこで」「だれが」「なにを」「どうするか」が、わかるようにすることです。

チームリーダーシップにおける協労的行動とは、メンバー間の連携（コミュニケーション）が目標達成に貢献するように働きかけるリーダー行動です。

メンバーの連携がない状態では、リーダーが一方向的にメンバーに働きかけ、目標達成に貢献するように促します。メンバーの中に対立や競争が生まれてくると、リーダーが間に入り、タスクがなにであるかを思い出させるなど目標達成を導くように働きかけます。

メンバーがチーム目標を共有し、それぞれの役割を理解し、チームとして自律的に動けるようになると、リーダーの指示的行動は必要なくなります。

リーダーは小学校の先生のような教壇の位置（S1：教示

図表27 チームリーダーシップの指示的行動と協労的行動

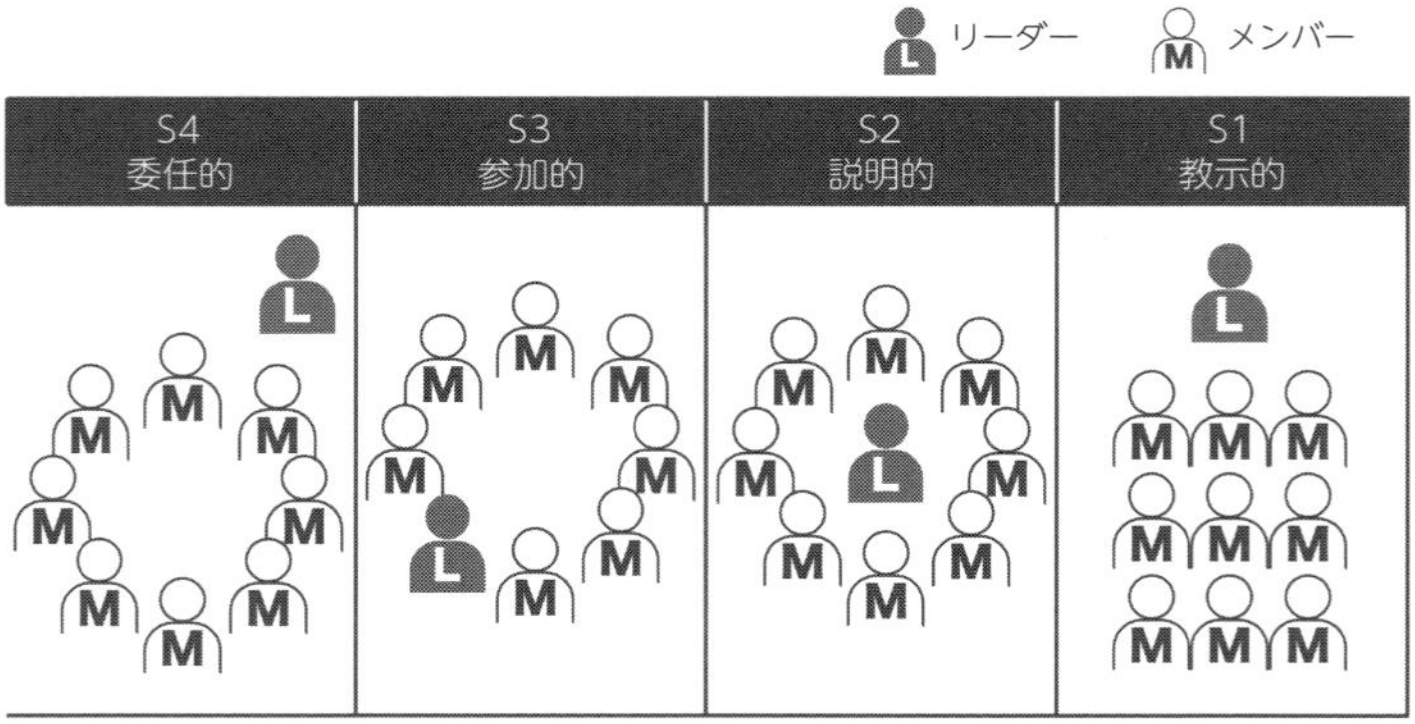

出所：「新版 入門から応用へ 行動科学の展開」p.345

的スタイル)から、ディスカッションを進めるような中心の位置(S2:説得的スタイル)に変わり、メンバーが自発的にアイディアを出したり、自分たちでタスクを進められるよう、メンバーの一人として参加し、必要なときにフォローする協労的行動をとります。(S3:参加的スタイル)、チームが自己完結的に目標を達成できるようになれば協労的行動すら必要なくなります。リーダーが本来のタスク、外部との連携・連結を行う「連結ピン」のタスクに専念できるのは(S4:委任的スタイル)と言われています。

リーダーはヒトだけじゃない

チームリーダーシップとチームレディネスにそって、ここではSTORY8で紹介した吉田室長が設置したファイルボックスの役割を見てみましょう。

吉田室長のチームの最終目標は「有価証券報告書を作る」ことです。チームリーダーシップには、目標や役割を明確にする指示的行動とコミュニケーションを深める協労的行動があります。

本来ならリーダーの吉田室長が、最初は詳しい説明をしたり、メンバーの役割を決めたり(S1)することからスタートし、質問に答えたり(S2)という順序で進めていくことになります。しかし、吉田室長は最初から最後までほとんど口頭での指示はせず、有価証券報告書の大項目から少項目にいたる大量のファイルボックスを用意し、部屋に並べました。

こうすることで、メンバー全員がファイルボックスを見るだけで、一目瞭然に目標を理解し、共有できます。また、ファイルボックスに関連資料を入れるだけ、複数の項目に関連しそうなら、コピーしてすべてのファイルボックスに入れる、ファイルボックスに入れたら全員に報告する、動きがダブるときは早い者勝ちなど、いくつかのルールを指示するだけで、目標までの道筋を正確に示すことができました。

ファイルボックスを置き、いくつかのルールを示したことは、「いつ」「どこで」「だれが」「なにを」「どうするか」を一方的に示す強い指示的行動です。最初はこのような強い指示的行動は、やり方が明確になります。たとえそれぞれが能力のあるメンバーでも、特に初めて集まったチームにとっては必要な情報です。

やり方だけを指示し、後はメンバーが自由に動けるようにしたことは、それぞれの専門分野で高レディネスのメンバーにとっては、協労的行動に感じられたかもしれません。ファイルボックスをみんなの間におき、自由な意見交換がなされたとありますが、これも協労的行動の多い参加的なリーダーシップになっています。

こうして目標や役割が明確になることで、チームの能力が高まり(メンバーが目標や役割を理解し、共有する)、また、メンバーの意見交換や情報共有を増やすことで、コミュニケーションが深まり、チームの確信・意欲も高まっていきます(メンバーがコミュニケーションを深め、共有する)。

吉田室長のリーダーシップ・スタイルは、終始S4(委任的スタイル)だったかもしれませんが、ファイルボックスにS1、S2、S3を担当させていたと、とらえることもできます。

チーム活動には、名目上、リーダー職は一人かもしれませんが、「○○が得意なメンバー」や「△△が得意なメンバー」もいて、それぞれが実質的にはコンテンツ・リーダーシップをとっているということもあります。吉田室長の場合はファイルボックスが情報管理を担うコンテンツ・リーダーだったのでしょう。リーダーシップは、必ずしもヒトだけが発揮するものではないということになります。

暗黙の期待は危険！

複数のメンバーで活動している場合、役割期待や期待基準の考え方は重要です。

役割期待とは、文字通り「期待されている役割」です。「この役割にいるなら、○○すべきだろう」という行動パターンです。会議でも議事進行担当や書記や議事録担当など、メンバーごとに役割がありますし、職場でも総務、営業、仕入れ、会計などいろいろな役割があります。

会社や組織ではなく、サークルや仲間内のインフォーマル（非公式）なグループ、たとえばお花見の席取りでも、場所取り担当、飲み物担当、お弁当担当などの役割が出てきます。

役割には会社や組織のように書面などに規定されて、全員が理解しているものもあれば、インフォーマルなグループのように「きっと○○するだろう」という暗黙の期待もあります。

「暗黙の期待」は、お互いが認識を共有していれば問題ないのですが、「○○してくれると思ったのに！」といった期待はずれも起こりやすく、対人トラブルの原因にもなります。

認識が異なるということは、前述の認知的不協和が生じることにもなります。お互いの欲求不満から、攻撃・退行・合理化・固定化・諦め・無感動など、非合理的な対処行動をとってしまうこともあるからです。

また、たとえ会社や組織の中で書面に役割が規定されていたとしても、人によって受けとり方が違ったりするので拡大解釈して、「きっと○○してくれるだろう」や「そこまで期待されていないだろう」などのような暗黙の期待によって問題が起こることもあります。

役割期待と対《つい》をなすのが、リーダーシップ・スタイルです。リーダーシップ・スタイルは「この人なら、きっと○○するだろう」という行動パターンなのです。図表28を見てください。

タスクが整理され、どの担当者がどの役割期待を担当するか、細かく決まっているようなタスクは「定型タスク」と呼ばれ、また、細かくタスクが整理されておらず、担当者も臨機応変というようなタスクは「非定型タスク」と呼ばれます。

たとえば、定型タスクの典型的な例として、官僚的な組織、役所や軍隊があげられます。非定型タスクの例としては、デザインの仕事やフリーランスの仕事などが考えられます。

定型タスクでは、タスクや役割が細かく設定されているので、リーダーの個性による臨機応変な行動は、あまり必要ではありません。役割期待通りに行動すればいいということになります。

非定型タスクでは、タスクや役割があいまいなので、リーダーが不明瞭な部分を補い調整する必要があります。ここにリーダーの臨機応変な行動が期待されることになります。これがリーダーシップ・スタイルです。

たとえば、環境変化が非常に激しいタスクの場合、

図表28 役割期待とリーダーシップ・スタイル

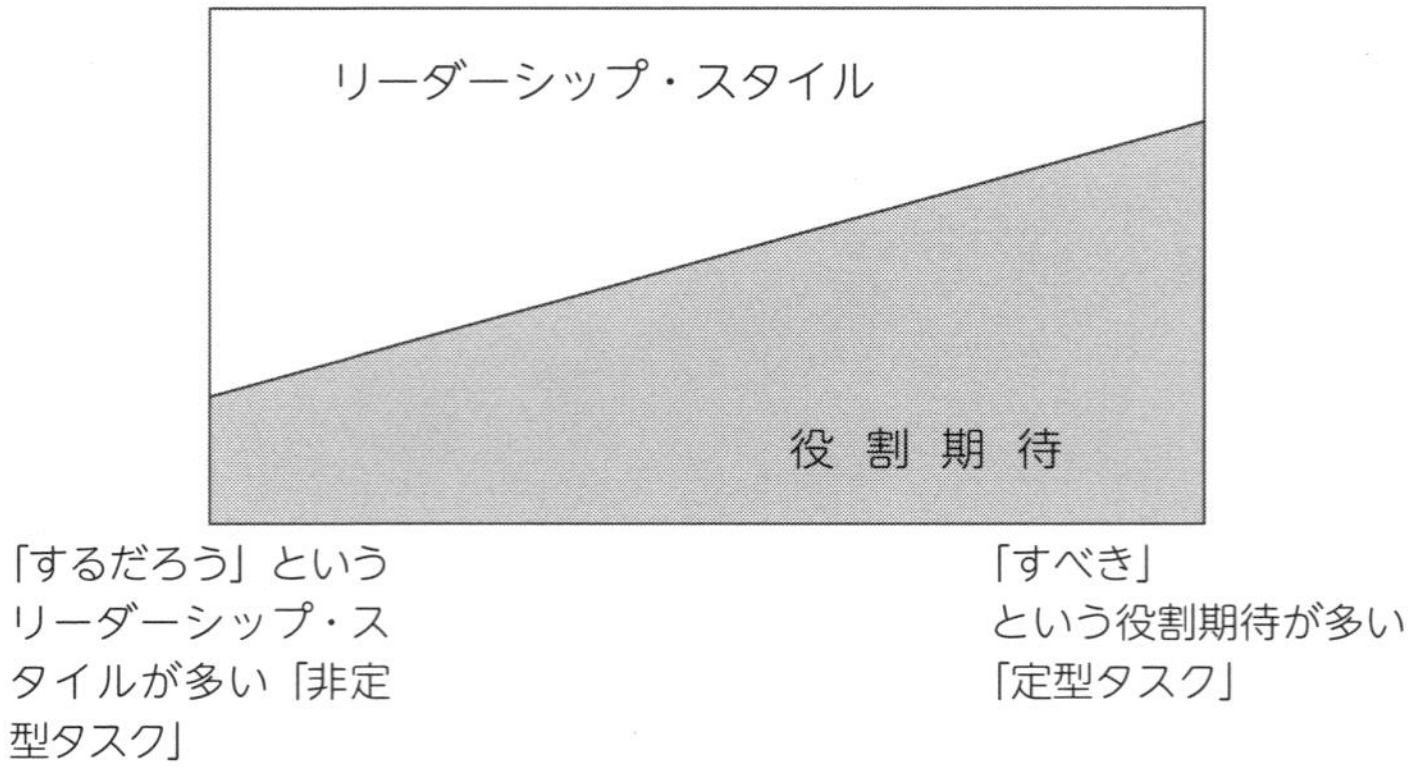

出所：**「新版 入門から応用へ 行動科学の展開」** p.163

タスクや役割期待をきちんと整理して担当者を決めたとしても、すぐに必要なタスクや役割期待が変わってしまいます。

そこで変化にあわせて、再び必要なタスクや役割や担当者を設定する必要が出てきます。

吉田室長の場合は、ファイルボックスによってタスクや役割期待を設定してしまったので、臨機応変なリーダーシップ・スタイルはほとんど必要ではなく、それでもチームとしてタスクを達成することができました。とは言っても、吉田室長は、S4（委任的スタイル）をとることで、リーダーとしてタスクがうまく進んでいるかのモニタリングを行っており、リーダーとして必要な結果責任は担っていました。ところで役割期待と違い、リーダーシップ・スタイルをとることで重要になるのが「期待基準」です。

期待基準とは、「どの程度まで達成することを期待されているか（望ましい結果）」を示す基準です。

たとえば、「○月△日までに百人のリストを作る」「今月末までに○○プロジェクトを終了する」「今期目標500万円」など、具体的にどこまで達成すればいいのかを関係者同士が理解できるように示すことです。

ファイルボックスの例は、タスクを定型化させることで、役割期待や期待基準を内蔵させることができました。しかし、非定型的なタスクでは、役割期待や期待基準をメンバーが理解し、納得するようなリーダーシップが必要になります。

もちろん、メンバーのレディネスによってリーダーシップ・スタイルを臨機応変に変える必要がありますから、いつでも役割期待や期待基準を事細かく説明しなければならないということではありません。

「現社長」と「従業員」のタスクは分けて考える

そしてSTORY⑨では、3代目の現社長は一度「長男を4代目に」と従業員に対して宣言しました。その後、パリからパティシエと経営学を学んだ長女が帰国し、長女の人柄と経営知識に期待する従業員たちが長女派になりました。職場が長男派と長女派に別れてしまいました。職場に混乱をきたしてしまい、従業員が落ちつかなくなり士気も低下し、現社長は困っています。

ここでのポイントは、現社長のタスクと従業員のタスクはなにかを考えることです。

現社長は「老舗菓子店の伝統を守り、存続させること」をトップの使命だと感じており、長く一緒に働いてきた長男こそ、同じ使命感を共有でき、後継者としてふさわしいと思っています。現社長のタスクは、伝統を守り会社を存続させること、その使命を果たすことです。

従業員たちは、日頃からお菓子作りやお菓子販売を問題なく行っており、人間関係も良好な現社長は、高レディネスにあると感じています。社長にとって「従業員＝高レディネス」ですが、ここで勘違いしてはいけないのは、従業員のタスクが「お菓子作りやお菓子販売」であることです。

従業員はお菓子を作ったり、販売したりすることに対して高レディネスなのです。決して「老舗菓子店の伝統を守り、会社を存続させること」が、タスクではないのです。

従業員たちの「老舗菓子店の伝統を守り、存続させること」というタスクに対するレディネスは、経営者ではない限り他律的ですから、低レディネス（R1またはR2）です。その場合は、S1からS2のリーダーシップ・スタイル、そしてポジションパワーが有効です。

たとえば、社内が分裂してしまった状況で、社長がしなければならないことは、ポジションパワーを使って、長女が今後どのような役割を果たしていくのか長女の立場を明らかにすることです。それから再度、「4代目社長は長男だ」ということを明言することになります(S1)。

このようにリーダーシップをうまく使うには、タスクを知ることが不可欠です。タスクはなにか、タスクをすり合わせることでどうなるのか、タスクのとらえ方はどうかなど、タスクの時点で認知を間違ってしまうと、その後のレディネス診断もリーダーシップ発揮も育成もうまくいかなくなってしまいます。

Column

新規事業のチームリーダーシップ

会社の危機的状況がエンジニアたちを動かした

大手家電メーカであるＳ社はＴＶ事業を中心に収益が悪化し、創業以来、初めて無配にするほど経営は非常に厳しい状況にあった。

そんな厳しい状況で、ある若いエンジニアが立ち上がった。社員のアイディアを検討し、事業化を後押しするような場を作るように社長に直訴した。社長は新規事業創出の専門組織を認め、自らチャレンジする社員に新しい事業のチャンスを与えた。

1人の若いエンジニアの情熱に多くのエンジニアたちが共鳴し、第1弾としてできあがったのが、Ｓ不動産株式会社である。

Ｓ不動産は、不動産業界の慣例であった固定手数料から取引価格に連動する変動手数料に変え、取引価格のデーターベースを活用してクライアントが自ら販売価格を設定できるシステムや物件室内バーチャル体験をしながら実際の寸法で家具をレイアウトできるソフトを開発した。

そんな工夫によってＳ不動産は、新しいビジネスでありながら、創業から半年で黒字化を達成することができた。

エンジニアたちのチャレンジスピリットは、Ｓ社をエレクトロニクスの枠を越えて「顧客に感動をもたらす」会社に変えつつある。

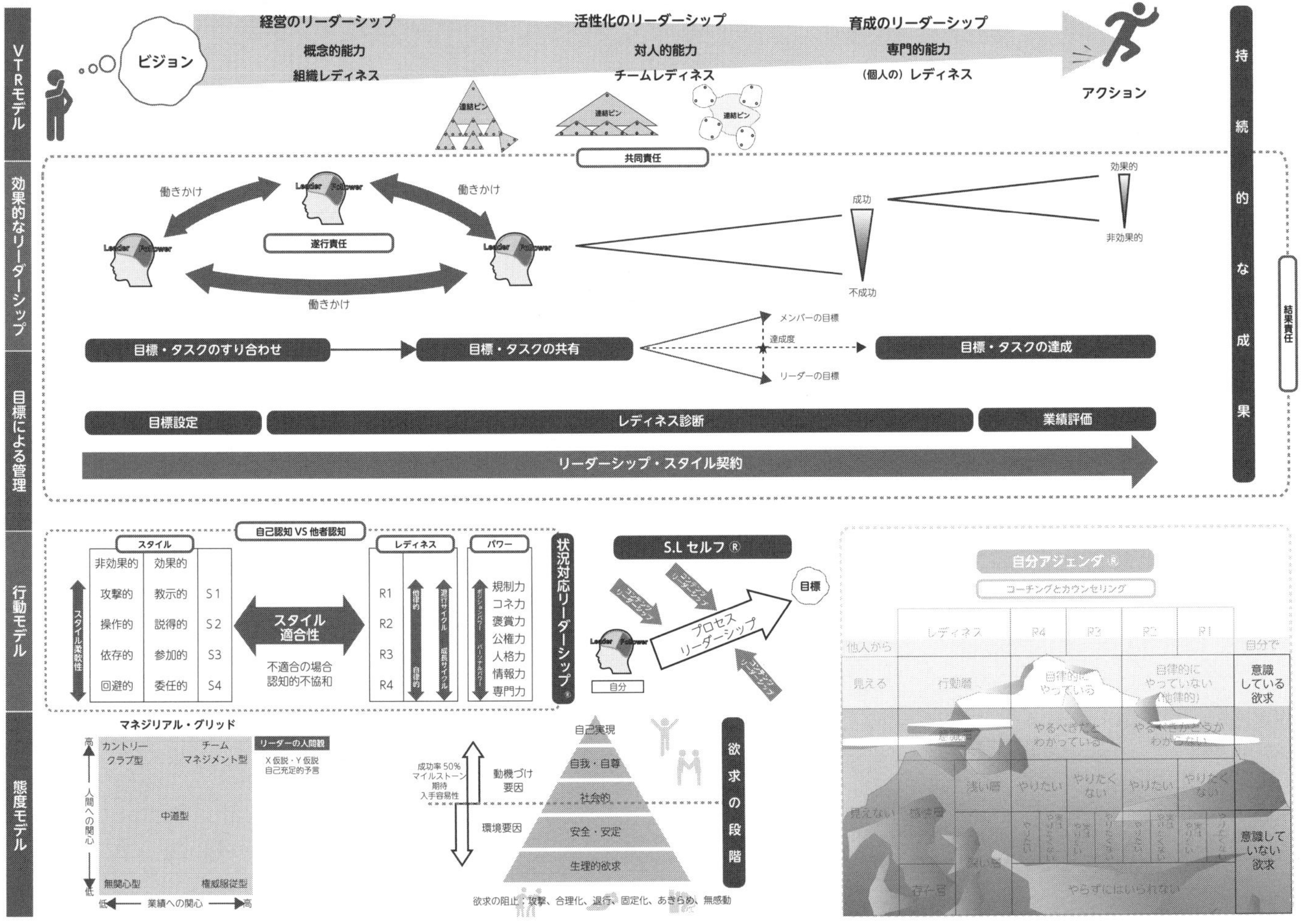
VTRモデル
ビジョン
経営のリーダーシップ
概念的能力
組織レディネス
活性化のリーダーシップ
対人的能力
チームレディネス
育成のリーダーシップ
専門的能力
（個人の）レディネス
アクション
連結ピン
共同責任
効果的なリーダーシップ
働きかけ
遂行責任
成功
不成功
効果的
非効果的
目標による管理
目標・タスクのすり合わせ
目標・タスクの共有
メンバーの目標
達成度
リーダーの目標
目標・タスクの達成
目標設定
レディネス診断
業績評価
リーダーシップ・スタイル契約
持続的な成果
結果責任
行動モデル
自己認知 VS 他者認知
スタイル
非効果的
効果的
攻撃的
教示的
S1
操作的
説得的
S2
依存的
参加的
S3
回避的
委任的
S4
スタイル柔軟性
スタイル適合性
不適合の場合
認知的不協和
レディネス
R1
R2
R3
R4
他律的
自律的
退行サイクル
成長サイクル
パワー
ポジションパワー
パーソナルパワー
規制力
コネ力
褒賞力
公権力
人格力
情報力
専門力
状況対応リーダーシップ®
S.L セルフ ®
プロセス
リーダーシップ
目標
自分
態度モデル
マネジリアル・グリッド
リーダーの人間観
X 仮説・Y 仮説
自己充足的予言
高
カントリー
クラブ型
チーム
マネジメント型
中道型
人間への関心
無関心型
権威服従型
低
業績への関心
高
成功率 50%
マイルストーン
期待
入手容易性
動機づけ
要因
環境要因
自己実現
自我・自尊
社会的
安全・安定
生理的欲求
欲求の段階
欲求の阻止：攻撃、合理化、退行、固定化、あきらめ、無感動
自分アジェンダ ®
コーチングとカウンセリング
レディネス
R4
R3
R2
R1
他人から
自分で
見える
行動層
自律的に
やっている
自律的に
やっていない
（他律的）
意識
している
欲求
やるべきだと
わかっている
やるべきかどうか
わからない
浅い層
やりたい
やりたく
ない
やりたい
やりたく
ない
見えない
欲求層
深い層
存在層
やらずにはいられない
意識して
いない
欲求

PART 4

自分の中にある「リーダーシップ」を活かす

「使命とリーダーシップ」
「自分アジェンタ®」を考える

STORIES

10 「サークルを作る」と宣言し、仲間を募った男子大学生
11 南アフリカで「弱者の経済的自立」を応援する女子大生
12 1人の思いつきが400人規模のシンポジウム開催へ

⑩「サークルを作る」と宣言し、仲間を募った男子大学生
「ここがリーダーシップを考える出発駅となって欲しい」

2週間と空けずに、谷中夫妻、由美、黒木はまた再会することとなった。

その間、由美は自身の課題であるモチベーションの低さを、社外のリーダーシップ関係のワークショップに参加するなどして、だいぶ視点を変えたり、自分の考え方を広げてきた。それによって見方が変わってきた。それは、谷中夫妻と黒木と話をすることで、リーダーシップそのものに興味を持ち、自分なりのリーダーシップがあるのではないかということに自信を持ち始めたからだ。

黒木はというと、自分の後輩たちが大学で頑張っており、若者のリーダーシップがさらに自由で縦横無尽であるということを感じていた。

「時代は動いている。リーダーシップってツラいものじゃないんだ。だれもが持っている、そんなものなのかもしれない……」という考察を持って、谷中夫妻の家に集まった。

黒木は早速、自分の後輩たちの話を始めた。

＊　＊　＊

2013年夏、斉藤は大学の図書館に友人の宇津木を呼びだし、あるサークルを一緒につくることを

提案した。

「よっ、どうしたん？」

と、大阪出身の宇津木はいつも通り笑っていた。

「なぁ、サークルを一緒に作らない？」

突然の提案に宇津木は少し驚いた様子だったが、詳しく話を聞かせて欲しいと言った。

斉藤がサークルを作りたいと思ったきっかけは、カナダ・モントリオールへの留学経験だった。モントリオールは言語・人種・宗教などが多彩な多文化地域で、そこで斉藤は「さまざまな生き方があること」を学んだ。

そのことが比較的固定的な日本人の「生き方」や「仕事の仕方」を考え直してみたいと思うことのきっかけとなった。斉藤は留学中に強く自分のルーツを感じ、日本をより良くしたいと思い、より主体的に自分の生き方を選択したいと感じたのである。

斉藤は「今の日本にとって足りないものは何か？」を真剣に考えた。結論として出てきたものは、「リーダーシップ不足」である。一般的なリーダーシップは「人を強く導くようなカリスマ性」のようなものを想像する人が多いが、斉藤や宇津木はリーダーシップを、「すべての人がそれぞれの長所を活かしたカタチで組織をより良い方向へ変化させる行動」ととらえた。

つまり、実行力でチームを動かすリーダーシップがあれば、外への発信力でチームを動かすリーダーシップもあり、チーム内の人間関係を良くすることで組織の状態を良くするリーダーシップもある。どのようなリーダーシップのカタチになるかには、それぞれの個性にあると考えた。

とはいえ、欧米と比べて日本人は自分から主体的に組織を変えていこうというマインドに乏しいと感じていた。それはおそらく長い間、日本社会が積み重ねてきた「集団から働きかけを受ける個人」という思考が拭えないからだと斉藤は感じていた。しかし、もはや逆らうこともできないグローバル化の波の中、日本人も「個人から集団に働きかける力」を伸ばしていく必要があると考えた。

また、職場うつや自殺などが社会問題となっている現代日本社会で、自分が持っている「周囲へ影響をおよぼす可能性に気づくことは、自分の価値を再発見すること」にもなるのではないかと考えた。

ちょうどその頃、大学の授業でリーダーシップの理論をいくつか勉強していたこともあり、立ち上げるサークルの目的を「リーダーシップを持った人財として共に成長することで、日本のリーダーシップ力の総和を大きくしていくこと」とし、名称は「Leadership Platform（LP:リーダーシップ・プラットフォーム）」にした。このサークルが、メンバーそれぞれの進路は違えども、「リーダーシップがある人財になるための出発駅」となって欲しいという想いを込めたものであった。

そしてLPは始まった。最初は小さな教室で斉藤の知り合いを集め、メンバーが自分にとってのリーダーシップとは何かを自覚できるものを斉藤が準備し、自作のワークショップを実施し、必要に応じてリーダーシップの理論を紹介した。

当初は斉藤が題材のすべて用意していたが、徐々にメンバーも意欲をもち、主体的な参加姿勢が出てきた。そのタイミングで斉藤は、徐々に円の中心から一歩引いたところから参加するように切り替えていった。その結果、メンバーのマインドにも目に見える変化が現れ始めた。

最初に声をかけられ、斉藤とともにLPを立ち上げた宇津木は、斉藤には他の人にはない能力や大きな夢があり、彼といれば自分が成長できるし、就職活動のネタ作りもできると思っていた。

しかし、この1年を経て宇津木はまったく違うものを得た。初めこそ論理的で実績もある斉藤をカリスマとして見ていたが、実際は不器用ながらも必死に努力をしている普通の人間だということに気づいた。だからこそ彼を助けて、彼の持っている高いビジョンを共に達成したいと考えたのだ。

その想いは宇津木に主体性をもたらし、斉藤に足りない部分を宇津木オリジナルのリーダーシップで埋めようという決意に変わった。いつのまにか就活のネタ作り以上に、もっと大事な「自分の強み」を見つけた。それは「人と人をつなげる力」である。

ある日、宇津木は、メンバー候補として成績優秀な依田を斉藤に引き合わせた。カリスマ的な斉藤と優秀でプライドも高い依田とは、当初ギスギスした関係であった。しかし、宇津木はこの二人の間に化学反応を起こすことを諦めず、粘り強く、ポジティブにつなげた。今では、この二人がいなければこんなによいサークルにはならなかったと思えるくらい互いに助け合っている。

この経験から、宇津木はメンバー同士の間にある壁を粘り強く壊し、つなげていく力が自分にはあると実感した。そして自分の本当の価値に気づいた今、外国と日本をつなぐビジネスマンになるという大きな夢に向かって、自信をもって社会に飛び出そうとしている。

そしてLPの副部長となった依田は、「リーダーシップは、今後社会に出る上で必要な能力だから勉強したい」と思ったからであり、「学びを得る」だけの姿勢だった。

だが依田も徐々に「LPをより良くしていきたい」という想いを持つようになり、良質なコミュニケーションのためには、お互いに時間をかけて理解し、価値観を共有することが重要ではないかという思うようになった。だから、「組織内コミュニケーションにおける価値観共有の重要性」というテーマを自ら選んで集中的に学習を始めた。LPにおいても価値観共有の重要性を積極的に訴えかける行動に出た。この取り組みはLPでも高く評価され、その後もワークショップなどの取り組みが続けられることになった。

この経験を通して、依田の心のなかにも変化が生まれた。依田は小さい頃から医者という仕事に憧れており、高校生のときに一度断念して大学は法学部に入ったものの、やはり諦めきれずに大学3年から医学部への編入を目指した。

しかし、LPに入る前は漠然と「医者」を目指しただけだったが、LPの活動を通して「医者であること」ではなく、「医者としてどうあるか」ということに気づいた。LPで見つけた自分の強みは「相手の話にじっと耳を傾けて、価値観のところまで理解する」力だった。

そして今、依田の夢は、「どこまでも患者さんに寄り添う医者」である。依田はこう言う。「医学部に編入する試験勉強は簡単ではないが、具体的にありたい自分が見つかった今、人より遠回りしたこの進路に迷いは一切ない」。

＊　＊　＊

「へえ。こんな活動をしている大学生もいるんだね」

「黒木が言うように、だれもが、もともと持っているリーダーシップのタネを斉藤君は引き出したんだろうな」

「斉藤にとってのリーダーシップとは〝人の可能性を信じる〟という言葉に尽きるようです。彼自身がこの思いを中心にずっとメンバーのことを思い続けたというのも、周りを変えていったことにつながったと思うんですよね。斉藤が話してくれた中で、南アフリカでファンドレイジングのプロジェクトを見事に成功させたLPの女性メンバーの話も印象的でしたよ。彼らの挑戦は、まさにこれからのリーダーシップのあり方でしょうね」

11 南アフリカで「弱者の経済的自立」を応援する女子大生

「私の100歩ではなく、全員の一歩にできる企画にしたい」

ある日、近藤宛てに斉藤から「リーダーシップのコミュニティ、LPを作ったんだけど、近藤も今度、顔をだしてくれよ」というメッセージが届いた。近藤はリーダーシップとは、もともと人をリードしていくのを得意とする人が「生まれもってついてくる『お得な個性』」だと思っていた。

しかし、LPでいくつものリーダーシップ理論を学び、実際に南アフリカでファンドレイジング（寄付金集め）活動を行った際に、自分もリーダーシップを発揮していることに気づいた。

近藤の夢は、国際協力に意欲的な学生たちを教育することである。その夢の第一歩として、大学での留学先として南アフリカを選んだ。南アフリカでは、アパルトヘイト（人種隔離政策）の負の遺産である黒人居留地住民の貧困を目の当たりにし、近藤は黒人女性の経済的自立支援に強い関心をもった。

また、留学先の学校では、近藤と同じように国際協力や貧困問題に興味はあるが、その気持ちを行動に変えられない学生たちが多くいることを知り、その現状も変えたいと思った。

そこで近藤は、ファンドレイジング（活動するための資金を個人、法人、政府などから集めることの総称）活動をする学生団体を作ろうと決意した。

ファンドレイジングの目的は、女性と子どもの経済的自立を目指すＮＰＯ（非営利組織）の資金集めである。そのＮＰＯが黒人居留地にリサイクルのコミュニティを作ると、現地の黒人女性と子どもがリサイクルを通して、経済的に自立できるのである。黒人居留地にリサイクル・コミュニティを一つ作るのに８０００ＺＡＲ（南アフリカ通貨）が必要だった。その数字を目指し、いざファンドレイジングをすることになった。

このファンドレイジングを企画したときは、近藤一人だった。しかし、近藤がこの企画の内容や国際協力への思いを多くの人々に語っていくことで、学校側にも協力者ができ、個性が光る男女六人の「ファンドレイジング・チーム」ができた。

メンバー六人との最初の企画ミーティングは10月だったため、「ファンドレイジング・ハロウィン・パーティ」を開催することにした。仮装、ジェリーウォッカの配布、パンプキンの重さ当て、日本語のペンタトゥーなどの多くのイベント案が出たが、近藤はこれら全部を準備することは、むずかしいと考えた。

そこで近藤は、

「ＬＰで学んだ『何かを棄てる』妥協案ではなく、『何かと何かのアイデアを混ぜる』折衷案」はどうだろうか」

と提案したのである。

「そんなことができるのか」

「理想論ではないか」

という意見もあったが、メンバーで話し合った結果、仮装コンテストを行うことに決まった。この案では、パンプキンの重さ当ての目的である「ゲスト参加型」のアイデアを、仮装をコンテスト化することで生かした。いくつかの案を棄ててしまう妥協案では、棄てられたアイデアの提案者のやる気が減り、提案する態度も消極的になってしまう傾向があるため、折衷案を提案できたことは、チームに大きな影響を与えた。特に今回のメンバーが見事に「自分に自信のない人間」の集まりだったからだ。


集まったメンバーたちは個性的でおもしろいが、ティーンエイジャーでまだ若いため、国際協力やチーム活動自体が初めてである。「プロジェクトに参加したい！」といったものの、ファンドレイジングについて無知であり、チームでどう自分を活かしてけるのかもわからない、そんな様子だった。

「近藤に頼ればなんとかなる！」という雰囲気もあった。そんな中、近藤がとった作戦は、「リーダーを退く」だった。


近藤は常にこの企画の「何でもできるリーダー」であった。近藤はメンバー全員と対話をし、彼らの長所とキャパシティにあわせたタスクを作ったり、全員に意見を出してもらい決定事項を作ったり、メンバーとともに学内外で企画を広報し、質疑応答する宣伝活動も行った。しかし、メンバーがなかなか自立しない。

リーダーとしてどう行動していいのかわからなくなったとき、ＬＰをつくった仲間と電話で話をした。

「リーダーとして、メンバーを自立させていくために何をすればいいのかわからない」

と気持ちを打ち明けると、

「リーダーはフォロアーを作るんじゃなく、リーダーはリーダーを作っていくんだよ」

と、言われたのである。

その斉藤の言葉に励まされ、ＬＰで学んだあることを思い出した。それは、権力の強い人が議論の中心者であると、建設的な議論ができないこともあるということだった。権力の強い近藤が、あえてリーダーをやめることで、他のメンバーが「自立して行動できるリーダー」になることを狙ったのである。

メンバーの中でも、自立心の高い女性にリーダーを頼み、近藤は彼女の補佐役となった。それは、メンバー全員を自立させていくために最も効果的な方法だった。彼女がリーダーになることで、真っ先に刺激されたのは、彼女の次に自立心の高い男性だった。彼は、彼女が頑張っても、中途半端なことをしたりすると、どんな些細な行動でも敏感に察知した。

彼女への闘争心を燃やす彼だが、近藤がリーダーのときは、素直で忠実にしたがい、最も近藤に頼ろうとする傾向があった。しかし、もともと同じ立場だった彼女がリーダーシップを発揮することは、彼のプライドを動かし、彼女の行動を見ることで、自立する姿勢や責任を果たそうとしていった。

そんな彼の成長は著しく、彼が自立していくことで、他のメンバーたちも負けじと自分の責任を果たそうと積極的に企画に参加してきたのである。近藤はこの六人のメンバーの成長を見られたことが何よりうれしかった。リーダーシップの理論を活用することで、周りも近藤自身も変わっていける実感を得た。

このファンドレイジングの企画では、百人を超えるゲストが集い、その寄付金は「私だけの100歩を目指すのではなく、全員での一歩にかけた企画にする」。これが黒人居留地に三つの新しいコミュニティを設けることができるほどの金額となった。チームの一人ひとりがだれかに啓発され、一緒に成長することで、だれか一人の成長ではなく、全員で成長していけるチームを作ることができた。

リーダーシップを学び、ファンドレイジングを企画することを通して実感したことは、リーダーシップの理論は人を変え、コミュニティを変え、世界を変える重要な役割をもっているということである。

＊　＊　＊

「メンバーの状況に応じたリーダーシップの発揮は、まさに臨機応変に対応していかなければならない日本企業の現場にもあてはまるよなぁ。IT企業に勤めていると、結局、目に見えないものをお客さんに売っていかなきゃならないわけだから、臨機応変さが命なんだよね。こういうリーダーシップって現場では必要とされるんだよ」

「大学生だからできたとか、若者だからできたとは言い切れないですよね。彼らのリーダーシップへの意識の高さは感心します。中堅に向かいつつある私たちも、もっと勉強しなければならないわ」

谷中と黒木がそう語っている間、由美は押し黙ったままだ。

「由美ちゃん、どうしたの?」と心配そうに陽子が話しかける。

「これ……かも。私が部長と合わなかったのは、これかもしれないっ!」と、急に由美が声を上げた。

「お?　どうした?」

と、一同が驚いて由美を見た。

「ここまで話していて、リーダーだけがリーダーシップを発揮するのではないということがわかってきました。私にだって部長になにか働きかけることができるんですよね。だからと言って、なにができるんだろう……というので、ずっと悶々としていたんです。近藤さんが一緒にやる仲間たちに対して、それぞれの仕事振りでリーダーシップの発揮の仕方を変えてましたよね？　それなんですよ。私もなにか部長に関わる前に、部長が私たちになにを求めていたのか知る必要があったということなんです。そうすれば、私と部長の視点の違いから起きていることが明らかになって、もっと突っ込んだ話ができるかもしれない……」

谷中も陽子も黒木も一様にうなずいた。

「由美ちゃん、ここまで一緒に話ができてよかったわ！　由美ちゃんの気づきは一つの現場での解決策になるわね。私たちも今の自分の立場であきらめずに、いろんなリーダーシップのカタチを話すことできっと打開策が見つかるわね」

「今日はなんだかたくさん飲めそうです！」

由美の天真爛漫なその言葉がうれしかった。

「この間、参加したイベントの主催者にこんな話を聞いたんです……。湖に投げ込まれた一つの小石の波紋がキレイに円となって広がる。そんな自由で大きな話だな、と思ったので三人にお話ししたいな……」

由美は勢いこんで、次の話を始めた。

12 一人の思いつきが四百人規模のシンポジウム開催へ

「リーダーシップ世界大会を日本で開催したい」

イベント主催者の松木は、2011年に日本で初めてリーダーシップ世界大会を開催した。リーダーシップ世界大会という名前からは、大きな組織がお金をかけた印象を受けるが、まったく違う話だった。松木自身が発案し、仲間と共にゼロから作り上げた大会だった。松木は、研修会社で企業人材のリーダーシップ開発を担当していた。リーダーシップについて座学だけではもの足らず、体験型で学習できる研修プログラムを探していた。知人から米国でのリーダーシップ・プログラムを紹介され、約1年にわたってそのプログラムに参加した。

帰国後、最初に発した言葉は「リーダーシップ世界大会を日本で開催する」だった。プログラムに参加して受けたインパクトを、一人でも多くの人に体験して欲しい、と強い願いを持っていた。

最初にとった行動は、同じリーダーシップ・プログラムに参加した別クラスの卒業生に呼びかけ、仲間を作ることであった。幸い数人が興味を示して、話し合う機会を何回か作ることができた。松木は、まず開催日と大会規模を設定し、自費を投入し会場を予約して開催することの決意をカタチにした。

しかし、ここから険しい道が始まった。「リーダーシップ世界大会」という言葉に関心を持って集まってくれたメンバーたちの存在は本当にありがたかった。しかし、集まったそれぞれのメンバーたちにも思いがあり、全員が納得するカタチに持っていくことに多くの時間を費やすことになったのである。

行動に移す前に、メンバー全員が自分たちのコンセプトやあり方など、繰り返し繰り返し語っていった。みんな自分の仕事を抱えているので、毎月1回のペースで日程を調整してミーティングを開催するのがやっとの状態であった。

毎回、大会の目指す目的はなにか、どんな状態になっていたいのか、インパクトはなにかなど中心になるメンバーの思いを出し合うことに終始していた。松木は自分のペースでは進めないもどかしさと、思いをもった個人が集まって大会を企画することのむずかしさを嫌というほど感じていた。

それでも松木には「リーダーシップ世界大会」を開催したいという、揺らぐことない炎が燃えていた。一時的な紆余曲折があったものの、大会のコンセプトやプログラムが『全員参加型リーダーシップ：あなたのユニークさが未来を創る』に決まり、全員での共有が始まると、急速に行動のスピードが増していった。大会参加者の規模も二百人と決めていた。

開催半年前になるころには中心メンバーに加わる人も増えてきて、マーケティング、Ｗｅｂやムービー作り、プロジェクト・マネジメント、当日の運営、プログラムの企画、ファシリテーション、チラシや配布物作り、おもてなし、スポンサー探し、集客、通訳などタイミングよく加わってきた。

また、開催3カ月前頃になるとサポーターも増えてきた。大会を陰で支える大切な人たちである。自分の声は、自分だけのものではない。そこにある「システムの声」であるということを自覚しながら他のメンバーと対話していった。

中心メンバーは主に東京近辺在住であったが、カナダ・バンクーバー在住、熊本市在住のメンバーもいた。リモートからそれぞれ得意な分野を持ち場にした。ネットでの情報の共有やスカイプミーティングなどが有効な手段となった。メンバーが自分の思いから声をかけ、集まり、語り合い、それぞれの役割を自ら探して実践していくカタチで進んでいったのである。それは、全員参加型リーダーシップを実践したということだった。

大会も1カ月前になったとき、一時緊急の事態にも見舞われた。3日間連続参加のみ可能という前提にしていたのだが、会場費などの必要経費をまかなうだけの収入はあるのだろうかという不安が、松木の頭の中に大きく浮かんできた。それをメンバーの前で口にしたことがプロジェクトの根幹を揺るがす議論に発展していった。

それまで3日間連続の参加であることが、この大会の大きな意義であり、それをベースに参加者の勧誘に声をかけてきた。実際、3日間参加できないために参加を諦めていた人もいた。それだけ価値のある大会だと認識されていた。もし、1日単位の参加が認められるなら、プロジェクトを去るとまで言いだした中心メンバーもいた。代表の松木は収支の問題については、自分の責任だと思っていた。

中心メンバーはみんなボランティアであり、収支にまで責任を感じていないと勝手に思い込んでいた。それが、まったく違うことが明らかになったのである。実はメンバー全員が収支にしてもなににしても、自分自身の問題としてとらえていたことがわかったのであった。

もし赤字が出たら、自分がワークショップを開催して穴埋めするとまで言い切ったメンバーもいた。このとき松木は確信した。これだけのコミットメントの高いメンバーがいるのだから大会は絶対に成功する。3日間連続の参加がゆらぐことなく、メンバー同士の信頼感も結束も、より強固になっていったのであった。

3日間の世界大会は成功に終わった。3日間を通して四百人の人達が参加した大きな大会になったのである。中心メンバーやサポーターをいれるとゆうに1日二百人を超える規模であった。大会が終わったとき、顔を紅潮させて、名残惜しさを漂わせながら、会場を出て行く参加者の姿が眩しかった。自分自身を深く見つめた充実感と、自分自身のリーダーシップをつかんだ満足感とで、笑顔に満ち溢れていた。

大会中、松木は責任者としてほとんど個別の作業は担当せずに、大会全体の運営が滞りなく行われるように全体を観ていた。

松木は、大会の最後に全員の大きな拍手に迎えられながら挨拶に立った。そして大会開催の思いと感謝の言葉を述べたとき、万感の思いが胸にあふれてきた。終了後、参加者から「一人のバカがいたおかげで、この大会が生まれたのだと思うと、感謝でいっぱいです」という最大級の褒め言葉をもらった。

*　*　*

「今後は、もしかしたら企業という枠をこえて、こういうプロジェクト型の仕事で働く人も増えるかもしれないな」

と話す谷中に、他の三人からは
「一人の人間がいろんなコミュニティに所属するということも考えられるよな」

「仕事も一つと限らない、というようなね！」

「そういうときは、一人ひとりのリーダーシップがあるからこそ成り立つだろうし、引き出されるのでしょうね。もっともっと生きやすく楽しく仕事ができるかもしれないわ」

と共感する声があがった。そろそろ対話も終盤に近づいて来た。あらゆるリーダーシップのあり方がこの世にはある。四人が見いだしたものの中には、チーム、組織を超えて、個人がもともと持っているものを最大限に引き出し合い、創造しあうことこそが大事である、という共通の意識にたどり着いた。

そのために私たちは既存のものからも学べることはいくらでもある。この四人のように、今こそ対話によって智慧を積んでいける、いい時代になったのかもしれない。

POINT

「使命とリーダーシップ」——自分がやらずにはいられない欲求

斉藤さんも近藤さんも松木さんも、なんのために行動したのでしょうか。その行動をしなくても、なにか問題が起こるわけでもなく、そんな苦労しなくてもなんの問題もありません。

また、お金の稼ぐためにやっているわけではありません。三人とも、その行動をとったからといって、個人の利益が得られるわけではありません。なにが彼らを駆り立てたのでしょうか。

「チャレンジしたい」が三人の共通点

斉藤さんは「日本人も『個人から集団に働きかける力』を伸ばしていかないといけない」、近藤さんは「国際協力には興味はあるが、そのやる気を行動に変えていない若者がたくさんいる現状を変えたい」、松木さんは「リーダーシップ・プログラムに参加して受けたインパクトを、一人でも多くの人に体験して欲しい」——三人とも自分にできることで、うまくいくかどうかわからないけれど、小さな一歩かもしれないと、全力で取り組むという意気込みを感じます。

「他人と一緒にいたい」「他人から認められたい」というより、「やったことがないことにチャレンジしたい」という明らかに自己実現の欲求レベルにあります。

そこでもう一度、欲求について考えてみましょう。

すでに欲求とは人間の根源的なものであり、方向づけされて初めて動機になるという考えを示しました。欲求には、意識している欲求もあれば、意識していない欲求もあります。意識している欲求は、どの状態が満たされているのか、どの状態が満たされていないのか、欲求不満なのかそうでないのか見分けやすいのですが、意識していない欲求についてはむずかしいことになります。

なにに欲求を感じていて、なにに不満を感じているのかわからないので、満たす方法がわからないのです。そして、満たされない状態が続くと気がつかないうちに欲求不満になります。欲求に気がついていませんから、欲求不満は解消されず延々と続き、結果的に、気づかないうちに、「攻撃」「退行」「合理化」「固定化」「諦め」「無感動」という非合理的な対処行動をとるようになります。

斉藤さんも指摘している職場うつや自殺など、現代日本社会では大きな問題になっています。これらは、長い間の非合理的な対処行動の結果かもしれません。このように知らずに自分を追い込んでしまう行動の治療も必要ですが、そうなる前に予防できる方法があればと考えます。

三人の行動に共通することは、次のようなことです。ここに予防のためのヒントはないでしょうか。

・与えられた目標ではなく、自分で創りだした目標。「やらずにはいられない」という勢いがある
・うまくいくかどうかわからない
・自分だけではなく、他の人や社会のためになる
・自分にできることからスタートしている
・お金を得ることが最大の目的ではない

「やらずにはいられない」という欲求は、だれから頼まれなくても、褒められなくても、急き立てら

れなくても、「自分がやらずにはいられない欲求」です。やってもやらなくてもいいのですが、やらないで放っておくとなにか足りない、イライラしたり、気分が暗くなったり、満たされない気持ちになったり、焦燥感や不足感、あるいは不満感が出てきたりします。

また、仮にやったとしても、その行動がうまくいく保証はありません。うまくいくようにひたすら頑張るのみです。三人の場合は、うまく行くように、自分の思いを必死にメンバーに伝え、共鳴して集まってくれたメンバーたちと、うまくベクトルをあわせて協働できるように目標のすり合わせや役割分担、コミュニケーションを密にとることなど、リーダーシップやマネジメントを駆使しています。

自分自身の強い思いで創りだしたビジョンや目標ですが、決して自分だけの利益を目指すものではありません。リーダーシップ・プラットフォームもファンドレイジングもリーダーシップ世界大会も、メンバーのため、コミュニティのため、参加者のためが最大の目的です。

メンバーたちが「自分の価値」に気づいて巣立っていくこと、予想以上のファンドが集まって三つも新しいコミュニティができたこと、総勢四百人以上の参加者が3日間後に顔を紅潮させて名残惜しそうに帰っていったこと、三人に最も満足を与えたのは、他人や全体の満足感でした。給料をもらっているからやったわけでも、売上を上げるためにやったわけでもないのです。

なにより、他人や社会の満足感から得られた自分の満足感は、自分にできることからスタートしています。できそうもないことを他人から押し付けられたのではなく、「うまくいく保証はない」けれど、「やらずにはいられない」現状を変えるチャレンジです。自分が持つ「リソース」「人格力」「情報力」「専門力」などのパーソナルパワーを最大限に使って行動しました。

欲求は根源的なもので、気づこうが気づくまいが欲求を動機に変え、行動に移すことが動機づけだと本書ではとらえています。ではなにが彼らの動機づけになったのかを考えてみましょう。その動機づけが、新しいカタチのリーダーシップのヒントになります。

「自分で自分を動機づける」S.L.セルフ®

斉藤さんには、人生の中で感じてきた気づきや疑問がたくさんありました。これらはすべて斉藤さんの中に、欲求としてたまっています。

・モントリオールで感じたさまざまな生き方
・日本人の生き方、仕事の仕方
・日本をよりよくしたい
・自分も主体的に生きたい
・日本人にとって足りないものはリーダーシップ
・リーダーシップにはいろいろなカタチがあり、それぞれの人に個性がある
・日本人も「個人から集団に働きかける力」を伸ばしていかなければならない
・現代日本の職場うつや自殺などの社会問題
・自分の価値を再発見すること

もともと持っている欲求、数々の新しい経験で新たに生まれた欲求などの中で、最も強い欲求（最強欲求）が行動になります。大学生になった斉藤さんは、自分にできるのがリーダーシップ・プラットフォー

ムを作ることにあると動機づけし、これを実現しました。リーダーシップ・プラットフォームという明確な方向づけ(目標)ができたら、後は計画と行動あるのみです。計画はプロセスリーダーである斉藤さんが、目標から必要なコンテンツ・リーダーを割り出し、自分が持てる力と自分にできることをすべてを駆使して、コンテンツ・リーダーシップを見つけ出します(S.L.セルフ®)。

近藤さんもそうです。国際協力に興味がありますが、これも生まれてからの経験で培ってきた欲求です。そして、リーダーシップ・プラットフォームでの活動の経験で欲求を膨らませ、欲求に次第に方向性が見えてきました。

南アフリカに渡ってからは、アパルトヘイトによる黒人たちの貧困を目の当たりにして「国際協力に興味を持つ若者たちの行動力を結集したい」という最強欲求が方向性となりました。これが動機づけとなって、ファンドレイジングという具体的な行動に結びついたのです。

松木さんにも人生の中で多くの経験があり、培ってきた欲求があります。強いインパクトを受けたリーダーシップ・プログラムを、他の人たちにも体験してもらいたいという欲求が最強欲求になり、これがリーダーシップ世界大会開催の動機づけになりました。三人の動機づけでは、次のような点が見えてきます。

・自己実現の欲求を持っている
・自ら多くの経験をしている
・経験に対して疑問や興味やインパクトを感じている
・「〇〇したい」という最強欲求を意識している

「**自分で自分を動機づける**」。これは現代の日本社会では意外とむずかしいことです。S.L.セルフ®の勉強会や研修は「なりたい自分はなにか?」からスタートするのですが、ある講師から「なりたい自分をイメージできない受講者が多い」という指摘がありました。

S.L.セルフ®は「なりたい自分」という目標に対して、目標達成に必要なプロセス・リーダーシップを自分がとり、必要なリソースをコンテンツ・リーダーシップから得ることです。「なりたい自分」は自分で「気づかなければ」なりません。

「環境を作る」ことで生まれるリーダーシップ

リーダーシップ・プラットフォームのメンバーたちは、参加前まで、なにか足りないという不満や諦めを感じながら大学生活を送っており、「みんながそうするから」「親が言うから」などと受け身で、社会的欲求レベルを超えるものではありませんでした。

参加当時のメンバーたちは、自分の成長や学習、就職活動のネタ作りという個人の利益のために参加していましたが、状況対応リーダーシップ®を学習したり、外部勉強会に参加したり、討議を繰り返していくうちに、自分はどのように貢献できるのかという問いかけから「自分の価値」を見出し、チームに協力したいという気持ちが生じてきました。

斉藤さんが行ったことは、リーダーシップ・プラットフォームという場を作ったことやリーダーシップ学習の機会を作ったことです。口頭でリーダーシップ・プラットフォームの目標やリーダーシップ学習方法などを事細かく説明するのではなく、場を創るという環境を用意しました。直接指示するといったことや、指導するといったリーダー行動はありませんが、ファイルボックスの例と同じように、環境作りに指示的行動が含まれています。たとえば、リーダーシップ・プラットフォーム設立の目的は「リーダーシップ人財の育成」なので目標は明らかです。

リーダーシップ学習の機会を斉藤さんが提供することで、メンバーに「自分はなにができるのか」と問いかけていることも伝わります。

あえて口頭で指示的なリーダー行動をとらなくても「いつ」「どこで」「だれが」「なにを」「どのようにするのか」がメンバーに伝われば、斉藤さんの指示的行動は成功したことになります。

参加当時のメンバーのレディネスは、みんな斉藤さんまかせで、自分の就職ネタ作りや自分の学習だけを目的とした他律的な状態であり、「リーダーシップ人財」としては低レディネスでした。メンバー一人ひとりが低レディネスで、お互いに協力しようとしないチームも低レディネスでしたが、斉藤さんはそのチームに対して環境作りを積極的に行い、メンバーたちのレディネスを上げ、成長の有効循環（成長サイクル）に巻き込んで行きました。

こうして「自分の価値」に気づき始めたメンバーたちは「自ら道を切り開く」ようになり（R４）、斉藤さんというリーダーから離れ、一人立ちして次のリーダーになっていきます。宇津木さんは「人と人をつなげる力」を武器にして社会で挑戦することを決め、依田さんは医者になるという目標を定義しなおし、「どこまでも患者さんに寄り添う医者」を目指すことになりました。

「チームを創る」ということは、サイズが小さくてもトップ・リーダーシップの役割を担うことになります。リーダーシップ・プラットフォームは斉藤さんに共鳴したメンバーたちが集まってきたチームです。これがチームの使命（なぜこのチームが必要なのか）や価値観（個人から集団に働きかけるリーダーシップ人財）の出発点になります。チームの存続には、この使命や価値観をつなぐことが必要です。斉藤さんがいなくなったそのとき、チーム活動を存続させて発展させるにはどうしたらいいでしょうか。起業したばかりの組織が成長するときのトップのジレンマがここにあります。

組織を作ろうと考えたら「意思決定の側面」だけではなく、「人間の側面」も考える必要があります。使命・ビジョンや戦略だけではなく、チームにかかわるメンバーや関係者たちが思いや価値観、やり方やコミュニケーションを共有し続ける仕組みができているだろうかという点が重要になります。

成長に密接な「成長サイクル」と「退行サイクル」

S.L.セルフ®は自分を成長させるリーダーシップですが、成長には成長サイクルと退行サイクルという考えが役立ちます。

成長のための有効循環

状況対応リーダーシップ®には、有効循環の考えをもとにして考えられた成長のためのステップがあります。一つは、低レディネスから成長させる成長サイクル、もう一つは一度、高レディネスになったけれど、なにかの理由で下がってしまった場合という、再度、成長させるための退行サイクルです。

成長サイクルでは、相手を成長させるために、いくつかのリーダーシップ・ステップをとります。成長サイクルで重要なことは、「人間には成長の可能性がある」というポジティブな考えを前提におくことです（自己充足的予言）。これはＰＡＲＴ１で紹介したＹ仮説の人間観が必要です。

成長サイクルのステップは、いたって簡単です。レディネスが低い他律的な状態では能力が不足していますから、「教える」「伝える」「指示する」という指示的行動を多めにとります。相手がタスクに関する知識を増やし、経験を重ねてスキルもするとしたら、認めたり、支援したりという協労的行動を増やします。成長サイクルの基本は、少しずつ増やしたり減らしたりし、おかしいと感じたらすぐに戻し、またゆっくりすこしずつ増やしたり減らしたりする「**少しずつステップ**」をとります。

成長サイクルがうまくいき、フォロアーが成長し、目標も達成した場合

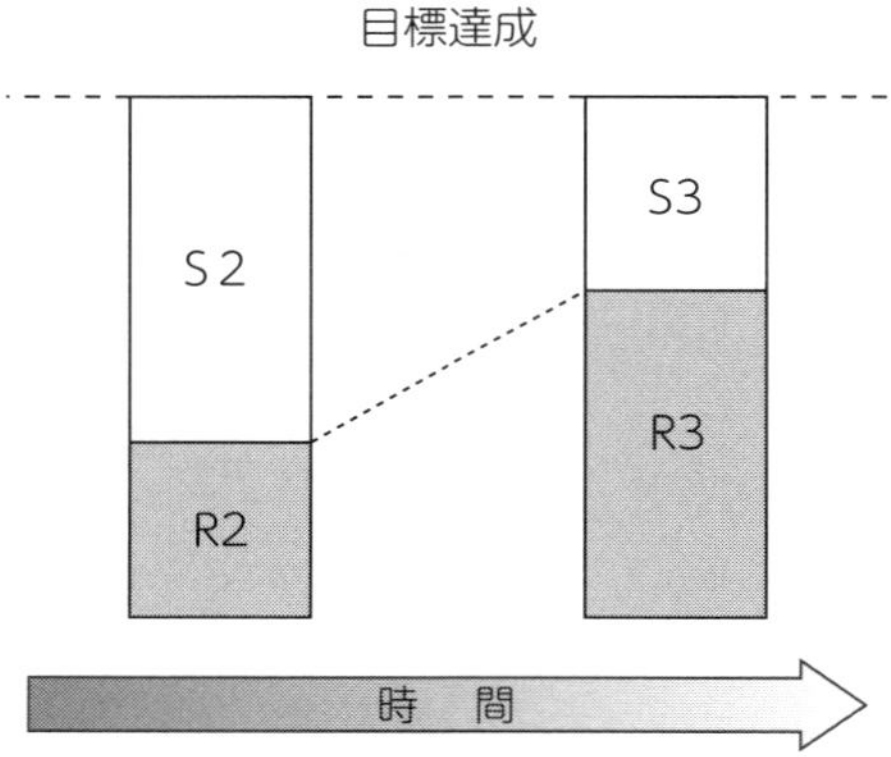

R1への協労的行動は甘やかしとなる

能力が低く、確信・意欲も低い状態(R1)に、協労的行動を多めにとるのは厳禁です。「慣れていないときは不安だから、頑張れと応援しなくては」と勘違いされることもありますが、これは結果的に「甘やかし」を生んでしまいます。協労的行動は、指示的行動を減らしても相手がタスクを進められる場合にだけ、「少しずつ」増やすことが大事です。

よく聞かれるのは、「熱意を持って入社してくる新入社員には、S1(教示的スタイル)ではなく、熱意に応える協労的行動の多いS2(説得的スタイル)が必要ではないのか」という疑問です。R1の状態にある人は、「そのタスクに対して能力(知識・経験・スキル)があまりなく、確信・意欲(自信・コミットメント・動機)もほとんどない状態」です。こういった状態の人にとって最も必要なものはなにでしょうか。優しい笑顔や頑張れと肩をたたいて支援してもらうことでしょうか。

状況対応リーダーシップ®研修では「スカイダイビング」という研修ゲームを使って「やったことがないことにチャレンジしなければならない」気持ちを体験することがあります。この研修ゲームを使うと、多くを説明せずとも、能力も確信・意欲も低いR1に必要なリーダーシップがなにかよくわかります。優しい笑顔も頑張れという応援も、最初は役に立ちません。

やる気満々で入社してくる新入社員に初めて取り組んでもらうタスクはまず、S1(教示的スタイル)で、なにが求められているのか期待基準を示すこと。そのための必要なステップなどを伝えます。伝えるということは、命令口調で高圧的にやるということではありません。「優しく丁寧にやり方を一から十まで示す」という方法もあります。看護師さんや幼稚園の先生のようにです。

やる気や熱意があるから「きっとできるだろう」と暗黙の期待を寄せて、S1を怠って「期待してるぞ」などといきなり協労的行動が多いリーダーシップをとってしまうと、相手はなにが求められているか期待基準も知らず、やり方も教わらず、間違ったやり方を「これでいいんだ」と勘違いしてタスクを進めてしまいます。これを放置すれば「甘やかし」になります。新入社員が間違ってしまってから「なにやってるんだ！」と怒れば、自分のリーダーシップ不足を棚に上げて、新入社員に責任をなすりつけていることになります。

レディネスが未成長なのにスタイルを変え、目標が未達成になってしまう場合

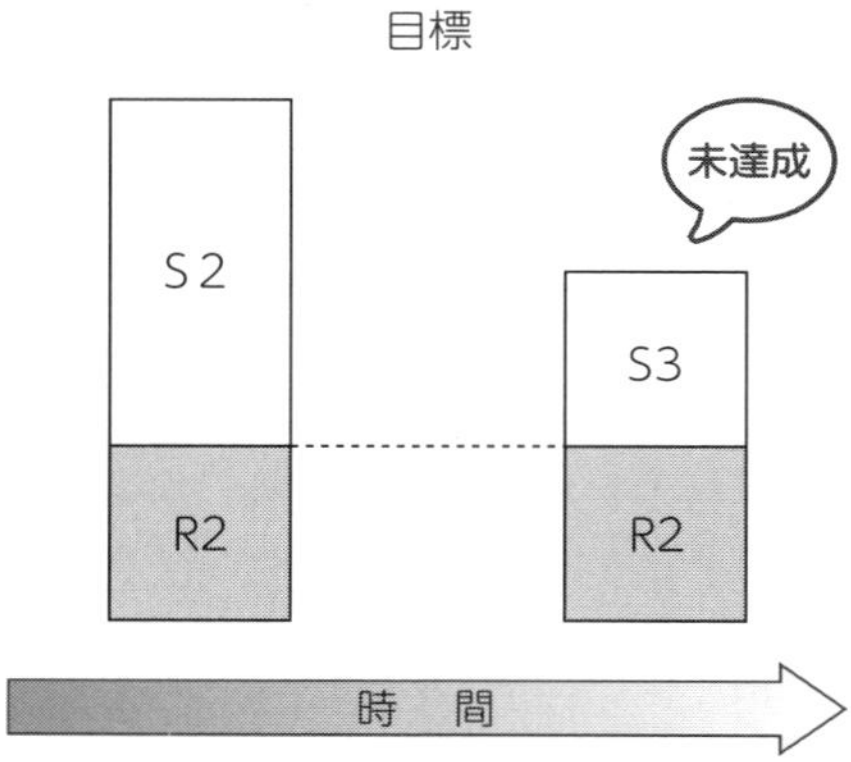

成長サイクルは、相手に確信・自信を持たせるステップです。退行サイクルは、確信・自信を持ってタスクを進めていた相手が、なにかの理由で意欲が減退してしまった場合のリーダーシップです。退行した相手の意欲を高めることで、成長の有効循環に戻そうというサイクルです。

意欲が減退する場合、R４からR３へ、R２からR１へ、R４からR１へなどへの退行が考えられます。状況対応リーダーシップ®では、退行サイクルへのリーダーシップは１象限ずつ退行させて対応すべきと言われています。自律的、意欲的にタスクを進めていたR４の人が、最近元気がない、あまりタスクも進んでいないようだという場合は、まずS３で対応します。それでも改善しないようならS２で対応、それでも改善しないならS１で対応するというようにします。ただし、成長サイクルと違って、改善が見られたら、以前はR４でうまくいっていたので、S４に一気に戻っていいという考えです。

信頼は一貫性のあるリーダーシップから生まれる

リーダーシップをとる量が多すぎても少なすぎても、相手はうまくタスクを進められるかどうか、目標達成できるかどうかわかりません。状況対応リーダーシップ®で、相手のレディネスに適合するリーダーシップ・スタイルを見つけても、それを実際に適切に行動に移すのはむずかしいことです。

たとえば、S１(教示的スタイル)では、実際にどのような行動をとればいいのでしょうか。S２(説得的スタイル)との違いはどのようなことでしょうか。どのような行動をとれば、S１とS２は違う行動になるのでしょうか。

また、だれがあなたのリーダーシップ・スタイルをS１(教示的スタイル)やS２(説得的スタイル)だと判断するのでしょうか。

自分のリーダーシップ・スタイルが効果的かどうかを診断するのは、自分のリーダーシップの影響を受けているフォロアーです。たとえば、奥さん、子ども、部下、同僚や取引先などです。夫婦仲が良く家庭円満であれば、奥さんや子どもたちのレディネスに対する自分のリーダーシップも、奥さんや子どもたちの自分へのリーダーシップも、自分のレディネスに適合しているでしょう。また、職場でもうまくいっていれば、同僚、取引先、部下などの関係者へのリーダーシップも関係者からのリーダーシップも適合しているでしょう。

しかし、このようになにもかも適合している円満な関係は、そんなに多くないのが現実です。

繰り返しになりますが、そこでレディネス診断は相手の行動を見て「能力、確信・意欲」の二つの軸で瞬時に診断し、すぐにリーダーシップをとりましょう。間違っても失敗しても、すぐにレディネス診断をやり直し、リーダーシップを修正します。

その迅速な対応が「相手に寄り添う」リーダーシップになります。じっくりゆっくりのレディネス診断は禁物です。放置されていると感じられたら不満の原因になります。

また「自分ならこうする」という会話を書き出すことです。状況対応リーダーシップ®では、行動が多い、少ないを測定するために行動指標という方法がとられますが、会話体で書いてしまえば自動的に行動指標になります。

図表29のように、左側に気になる相手のレディネス、能力、確信・意欲は高いのか低いのか、相手のどのような行動からそのように診断したのかを記述します。右側に自分のとるべきリーダーシップ・ス

タイル、そして必要な指示的行動と協労的行動は多いのか、少ないのかを判断します。行動量の多さがわかれば、それを反映して会話体で記入します。こうすると、どんな行動をとればいいのか、おおよそ見えてきます。

状況対応リーダーシップ®では、「**一貫性のあるリーダーシップ**とは、同じ状況においては、同じリーダーシップをとること」と、とらえています。同じフォロアーであっても異なるレディネスに対しては、異なるリーダーシップをとります。同じレディネスであれば、異なるフォロアーであっても同じリーダーシップをとります。成長サイクルでも退行サイクルでも同じで、そのときそのときのレディネスに対応するリーダーシップをとることが、言行一致、行き当たりばったりではない、一貫性のある信頼できるリーダーシップとなります。

図表29 S.L.行動計画シート例

タスク：＿＿＿＿＿＿＿＿＿＿＿＿＿＿＿＿

相手のレディネス　R＿＿	私のリーダーシップ・スタイル　S＿＿
能力の行動指標（高・低）	指示的行動の行動指標（多・少）
＿＿＿＿＿＿＿＿	＿＿＿＿＿＿＿＿
確信・意欲の行動指標（高・低）	協労的行動の行動指標（多・少）
＿＿＿＿＿＿＿＿	＿＿＿＿＿＿＿＿

「ポジションパワー」がある人がトップになる

STORY⑪で紹介した近藤さんの目標は、ファンドレイジングで8000ZARを集めることでした。そのため南アフリカに貢献したい、黒人女性と子どもたちの経済的自立を支援したいという強い思いを周囲に伝え続けました。この訴えがその後、集まってくるメンバーや支援者たちとの目標の共有になっています。

作業チームとして個性的な六人のメンバーが集まりましたが、強い思いを訴え続ける近藤さんには、メンバーや多くの支援者たちを惹きつけた強いパーソナルパワーがありました。パワーの大きさが偏ると、そこにパワーの階層が生まれ、それができることで、もともとなかったポジションパワーが生まれると言われています。

そしてメンバーから、ポジションパワーを感じられる人が実質的なトップになっていきます。チームでの近藤さんのパワーは強く、「権力の強い人が議論の中心者であると、建設的な議論ができない」とリーダーシップ・プラットフォームで学んだように、メンバーたちはみんな近藤さんの指示に従うという他律的なレディネスから抜け出せなくなってしまいました。

そこで、近藤さんが行ったことは、一人ひとりの長所とキャパシティにあったタスクを割り当てる(役割分担)ことでした。

近藤さんは国際協力やファンドレイジングに慣れていないメンバーたちに仕事を教える必要があると感じ、全員と対話し、全員で決定事項を作成することにしました。また、メンバーとともにコミュニティに出かけ、企画の説明をしながら、具体的なやり方を教えていきました。こうして、メンバーたちのタスクに対するレディネスを高め、チーム全体で行動することにより協力しあうというチームレディネスを高めていきました。

自分のパワーが強すぎてチームが他律的状態から抜け出せないと感じた近藤さんは、最も自立心の高い女性メンバーをリーダーに抜擢し、自分はリーダー役から退き、補佐役に回りました。ここで二つの現象が起こります。

一つめは、近藤さんは補佐役に回ることで、指示的行動も協労的行動も低いＳ４（委任的スタイル）で見守ることになります。しかし、チームレディネスは、まだＲ４ではありません。そこで不足するリーダーシップは新リーダーにとってもらうことになります。この時点で、二人のリーダーが一つのリーダーシップの役割を補完しあうことになりました。

二つめは、女性メンバーに対する男性メンバーの闘争心です。女性メンバーも男性メンバーも、近藤さんに認められたいという欲求があると思います。今まで同じ位置にいたはずの女性メンバーが、近藤さんに認められリーダー役になりました。

男性メンバーも、同じように近藤さんに認められたかったのかもしれません。女性メンバーと同じくらい、あるいはそれ以上、近藤さんの役に立ちたいと思ったのか、チーム目標に対して責任を果たすようになりました。そうすることで、他のメンバーも負けじと積極的にタスクに参加してくるという相互作用や有効循環が出てきたのです。バラバラな方向を向いていたベクトルが、同じ方向に向きだしたのです。

ファンドレイジング・チームは、三つのコミュニティを作ることができるほど、目標以上の資金を集めることができました。同じ方向を向きだしたベクトルがお互いに助けあって、一つの太いベクトルになったのです。まさに「だれか一人の成長ではなく、全員で成長していけるチーム」になったのです。

他人の目標達成を自分の目標達成としてとらえる

STORY⑫の松木さんは「リーダーシップ世界大会を開催しよう」と言い出した人なので、目標を掲げるリーダーです。しかしその後、相当な時間をかけて中心メンバー全員で目標やコンセプトを話し合い、練り合い、トラブルを解決しながら、全員がプロセスにもコンテンツにも責任を負うようになっていきました。

ここでは、松木さんの目標をあえて「ビジョン」と呼ぶことにします。目標は文章や書面で具体的に明示されたものも指すので、その印象から切り離すためです。ビジョンも明示されることがありますが、ここでは漠然とした、あるいはまだ先が見えない曖昧模糊《あいまいもこ》とした大きな希望という意味合いでとらえてください。

松木さんと中心メンバーたちのリーダーシップにはおもしろい現象が二つありました。一つは、目標やコンセプトに相当な時間をかけて全員で練り上げていったことです。もう一つは、「必要なメンバーがタイミングよく加わってきた」ことです。

まず、相当な時間をかけて目標やコンセプトを練り上げていったことを、松木さんは「システムの声(場の声)」と表現しています。それで、声に出されていないメンバーたちの欲求を組み上げようとしました。意識している欲求、意識していない欲求、メンバーたちの表情や声の調子、仕草、場の雰囲気、空気、直感などから感じられるものを話し合いに活かそうと考えていたようです。

メンバーたちはそれぞれが外国のリーダーシップ・プログラムを卒業するほどリーダーシップに関心があります。みな自己実現欲求を持っています。

恐ろしく時間と体力のかかるすり合わせ作業ですが、いったん納得すれば目標の共有度は非常に高くなり、全員が自律的に動き、全員がリーダーシップをとることが可能になります。松木さんの大きなビジョンも中心メンバーと話し合い練り合うことで、どんどん具体化していきます。そして役割分担も見えてきます。役割分担が見えてくれれば、お互い自律的な活動に入れます。

自分が本当に求めていることはなにか

欲求には、意識しているものと意識していないものがあることを紹介しました。意識している欲求は、満たされないで欲求不満になっている場合は解決方法がわかります。意識されていない欲求は、満たされないで欲求不満だとしても解決方法がわかりません。どちらの場合も欲求不満が長く続くと、非合理的な対処行動をとるようになり、抑圧された気分になったり、暗くなったりしてしまうということも考えました。

欲求は意識さえしてしまえば、ビジョンを持ったり、目標設定ができたりします。

欲求を意識すること、気づいていくことは、もし不満感や焦燥感や不足感を感じることがあるとしたら、それから抜け出すヒントかもしれません。

状況対応リーダーシップ®は、リーダーシップ行動の成功率を上げるためには大変役立つモデルですが、「自分の欲求はなにか」「自分のビジョンや目標はなにか」を考えるためのモデルではありません。自分の欲求やビジョンや目標が見えてから、それに向かって行動し、成功するための行動モデルです。

「自分が本当に求めていることはなにか？」、会社から与えられた目標でもなく、親から期待されている目標でもなく、社会がいいという目標でもなく、「自分が心から喜び満足する目標はなにか？」というこの本当の欲求を「自分アジェンダ®」と呼んでいます。これは、意識している欲求だけではなく、意識していない深層の欲求にも気づくこと、感じることをねらっています。

アジェンダも、ビジョンも、目標も、どれも「行動の方向性」を意味する言葉です。ここでは、図表30に示すように、アジェンダをビジョンも目標もタスクも含めて「数々のやるべきコトの総称」ととらえます。人生においては、たくさんの目標やタスクがあり、また人生の節目に大きなビジョンを掲げることがあると思います。本書では、こういった一つひとつのビジョンや、目標やタスクをすべて含んで「アジェンダ」と呼びます。

また、松木さんは「リーダーシップ世界大会を開く！」という旗を掲げ（ビジョン）、具体的な目標を設定しました。この目標に至るためのコンセプトを大変な時間と労力をかけて中心メンバーたちと練りに練りました。ここでは言葉や行動に表現されないメンバー全員の「意識していない欲求」にも、メンバーたちがお互いに感覚を敏感にし、一つも漏らさないように組み上げようとしました。

全員がそれぞれの自分アジェンダ®を持ってリーダーシップ・プログラムに参加し、同じインパクトを共有するメンバーが、それぞれの自分アジェンダ®を持って集まりました。ミーティングでは、自分

図表30　自分アジェンダ®、ビジョン、目標、タスク

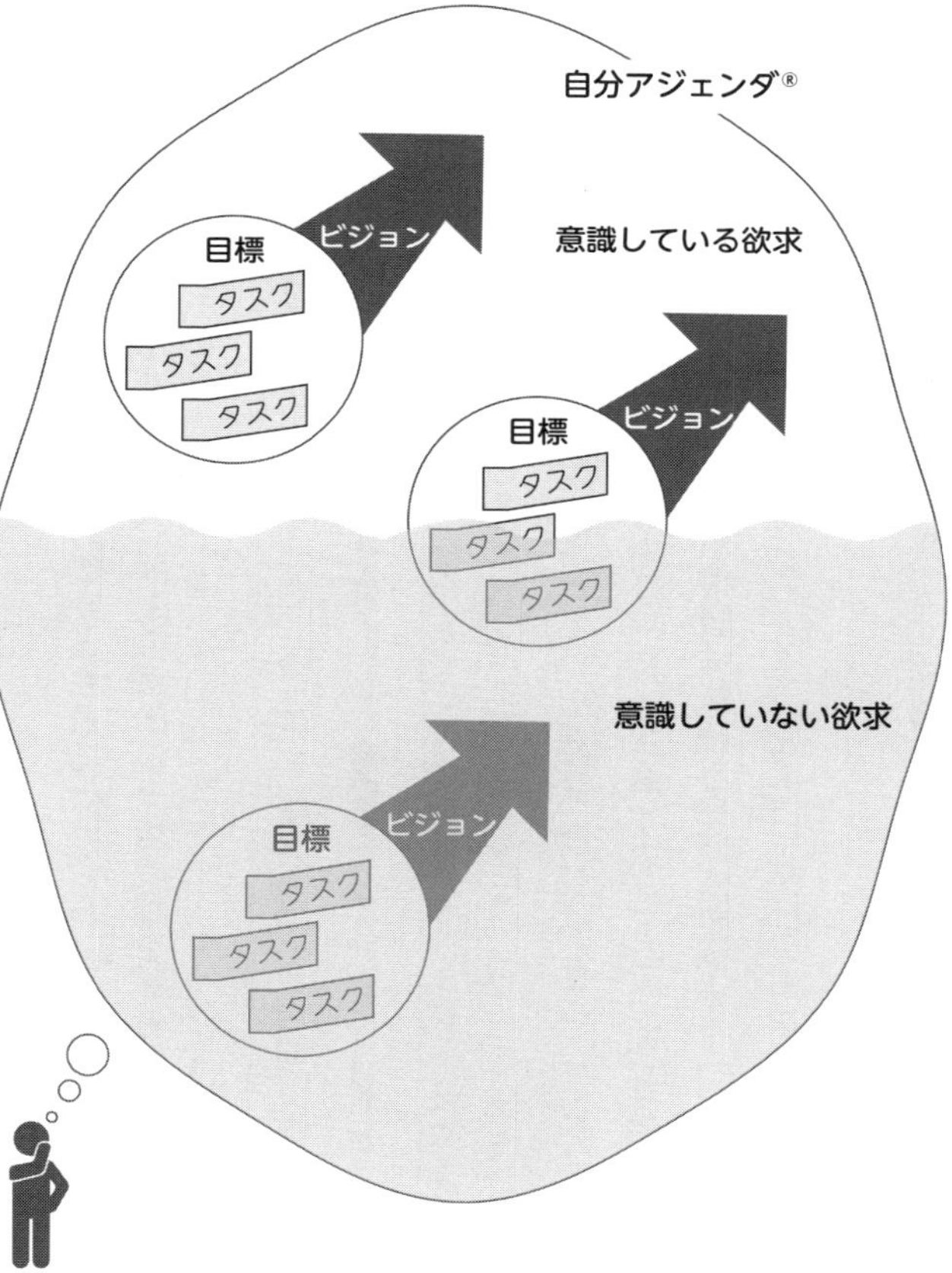

うか。

の欲求、集まった中心メンバーたちの欲求を深いところまで探り、集まった当初は意識していなかった欲求も、話し合いや練り合いを続けていくうちに気づき、意識してきた欲求もあったのではないでしょうか。

意識している欲求によって現在のリーダー行動がとられるとしたら、**意識していない欲求には未来のリーダー行動があるかもしれません。**そこで、欲求の氷山の一角の図を参考に、図表31のような欲求の構造を考えてみました。

身体(手足)を動かす行動の行動層、「○○すべき」や「○○する方が合理的」など頭を使う理知的な意識層、好き嫌いや価値観を感じる感情層、見えないし、意識もしていないけれど「やらずにはいられない」という存在層というように、「見える、見えない」と「意識している、していない欲求」という視点で四つの層に分けました(「自分アジェンダ®を引き出すコーチング」)。

行動層は、状況対応リーダーシップ®で説明されている通り、「自律的にやっているか(高レディネス)」「やっていないか(低レディネス)」です。意識層は、頭で理解することで、合理的にメリットがあるかないかで「やるべき」と認識することです。感情層は気持ちや価値観です。「やりたい」とか「やりたくない」、あるいは「好き」とか「嫌い」と感じたり、やらなければならないとわかっていても「やりたくない」と感じたりする層です。

感情層については、長い間の生活環境や教育で、「深層心理ではやりたくないのに、やりたいと思わされている」や「やりたいのにやりたくないと思わされている」こともありえるので、一部「意識していない欲求」に入ります。

問題は見えないし、意識していない存在層です。存在層は人間の根源的な欲求ととらえていますが、ここに自分が存在する意味、生まれてきた意味があります。

人間は一人では存在できませんので、社会や空間と分かち合い、その一部となっています。個としての使命だけではなく、全体の一部としての使命もあるはずです。

先進諸国で育った私たちは、自分の利益と他人の利益というように、まず損得を考え、自分と他人を区別する教育を受けています。

しかし、松木さんのチームでは、「私が私が」というメンバーはいませんでした。自分だけ突出しようとか、ヒーローになろうとか、自分がより多くもらおうとか、得しようとか、そうではなく、一つのまとまった活動を全員が一つになって、自ら役割を引き受け、収支の責任も当たり前のように自分のものととらえ、全員が目

図表31 自分アジェンダ®とレディネス

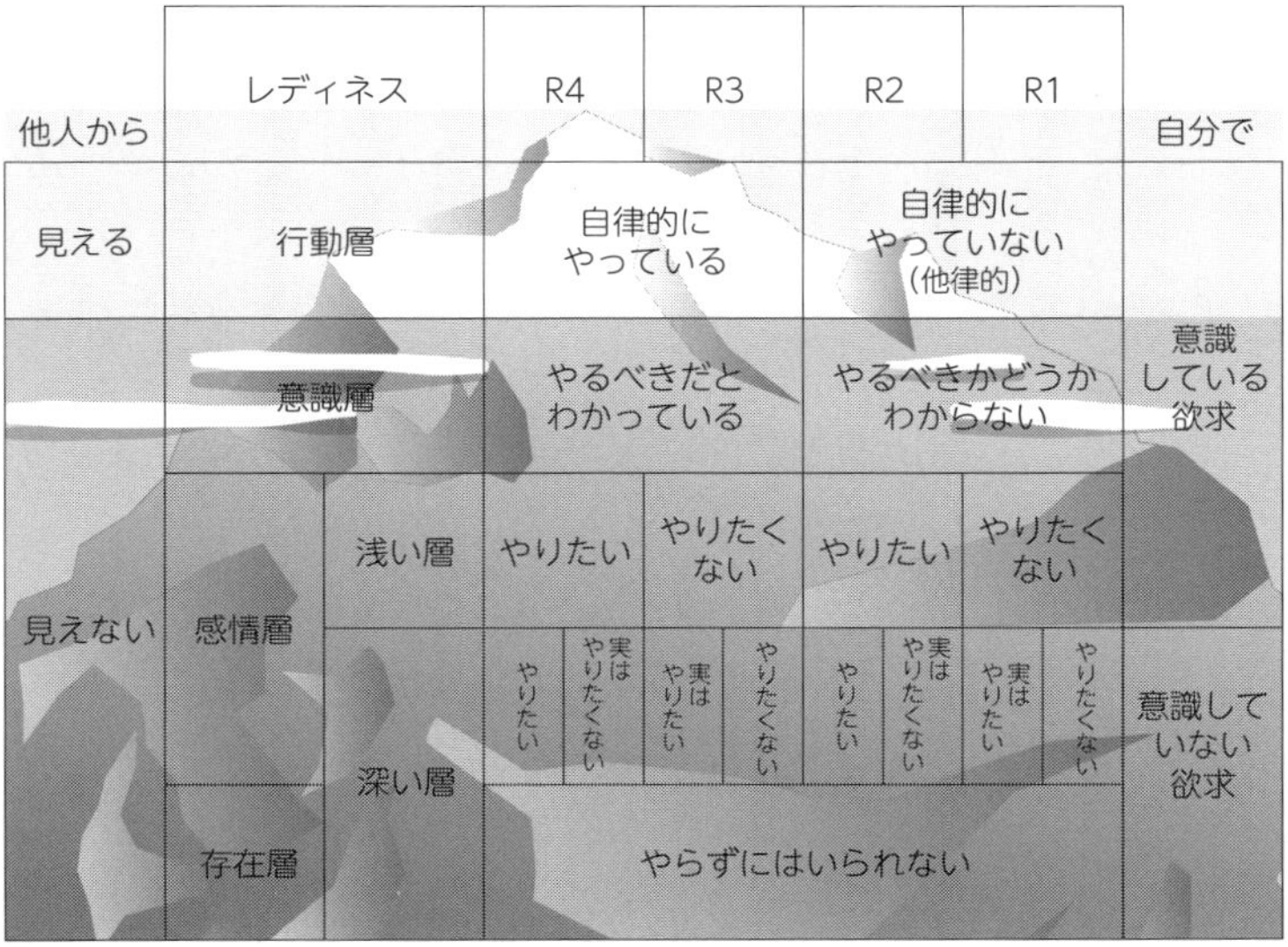

標達成を自分のものとしていました。

このように、「他人の目標達成を自分の目標達成ととらえる」ことを、自分アジェンダ®では「**内包的な自分**」と呼んでいます(『だれもがリーダー』を支える意識、自分アジェンダ®によるリーダーシップ」)。

効果的なリーダーシップには、チームや組織の一体感が重要とよく言われます。松木さんのチームをみれば、目標を共有する「内包的な自分」たちの集まりにこそ、一体感が生まれるのでしょう。「内包的な自分」に気づくよう働きかけることは、コーチングやカウンセリングの領域になりますが、それによって多数の「やりたい」「やらずにはいられない」リーダーたちが生まれてくることになります。

ビジョンを起点とするつながり

もう一つの興味深い現象は、「ご縁があって」とよく言います。「必要なメンバーがタイミングよく加わってきた」ことです。このチームは全員がリーダーであり、全員が中心にあるビジョンに対して、「どうしようか、こうしようか」と働きかけています。同時にビジョンの外側に対しても360度働きかけています。チームは、全員の意識されている欲求にも、意識されていない欲求にも応えようとして、大変な時間と労力を使ってきました。

このビジョンにかかわっている中心メンバーは、気づいているか気づいていないかに関係なく、根源的な欲求レベルでビジョン(目標)にかかわっています。

そのためメンバーの言葉や行動には、このビジョンにかかわることが多かれ少なかれ表現され、会う人、話す人、だれにでも、これにかかわるなにかを発信することになります。必要なメンバーがタイミングよく加わってくるのも、こういった発信が興味ある人たちに届き、問い合わせや紹介によって、このチームにたどり着いたとも考えられます。

図表32の全体に描かれている大きなつながりは、ネットワークと呼ばれますが、いくつかのネットワークが共同してできる中くらいのネットワーク、一つひとつの小さなネットワーク、自分が中心となる個人のネットワークといろいろあります。しかし、どのネットワークもコア部分に、「なぜこのネットワークがあるのか、なぜこのネットワークは生き続けているのか」を示すビジョン、使命、存在意義があります。

また、斉藤さんのリーダーシップ・プラットフォーム同様、このネットワークが存在し続けるとしたら、そこには、松木さんが中心メンバーと共有したインパクトや価値観をつないでいくしくみが必要になります。ビジョンを目指して協働関係がうまくいくためには、「意思決定の側面」だけではなく、「人間の側面」も考える必要があります。

・使命・ビジョンは果たされるか?価値観は維持できるか?　↓組織レディネス
・ベクトルをあわせ目標達成できるか?　↓チームレディネス
・タスクは進められるか?　↓レディネス

レディネスを考えることが、その大きなポイントになります。

図表32　ビジョンを起点とするつながり

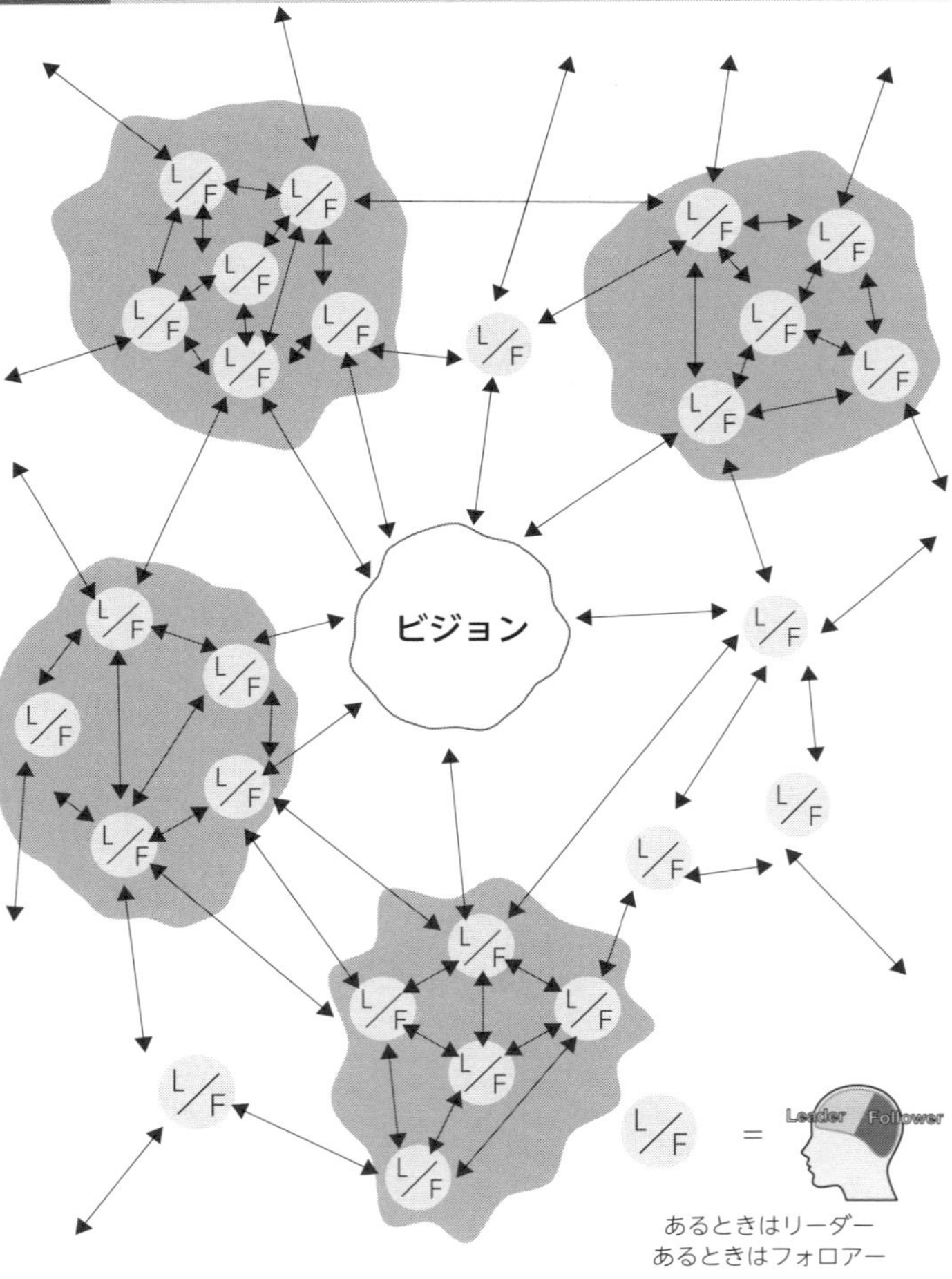

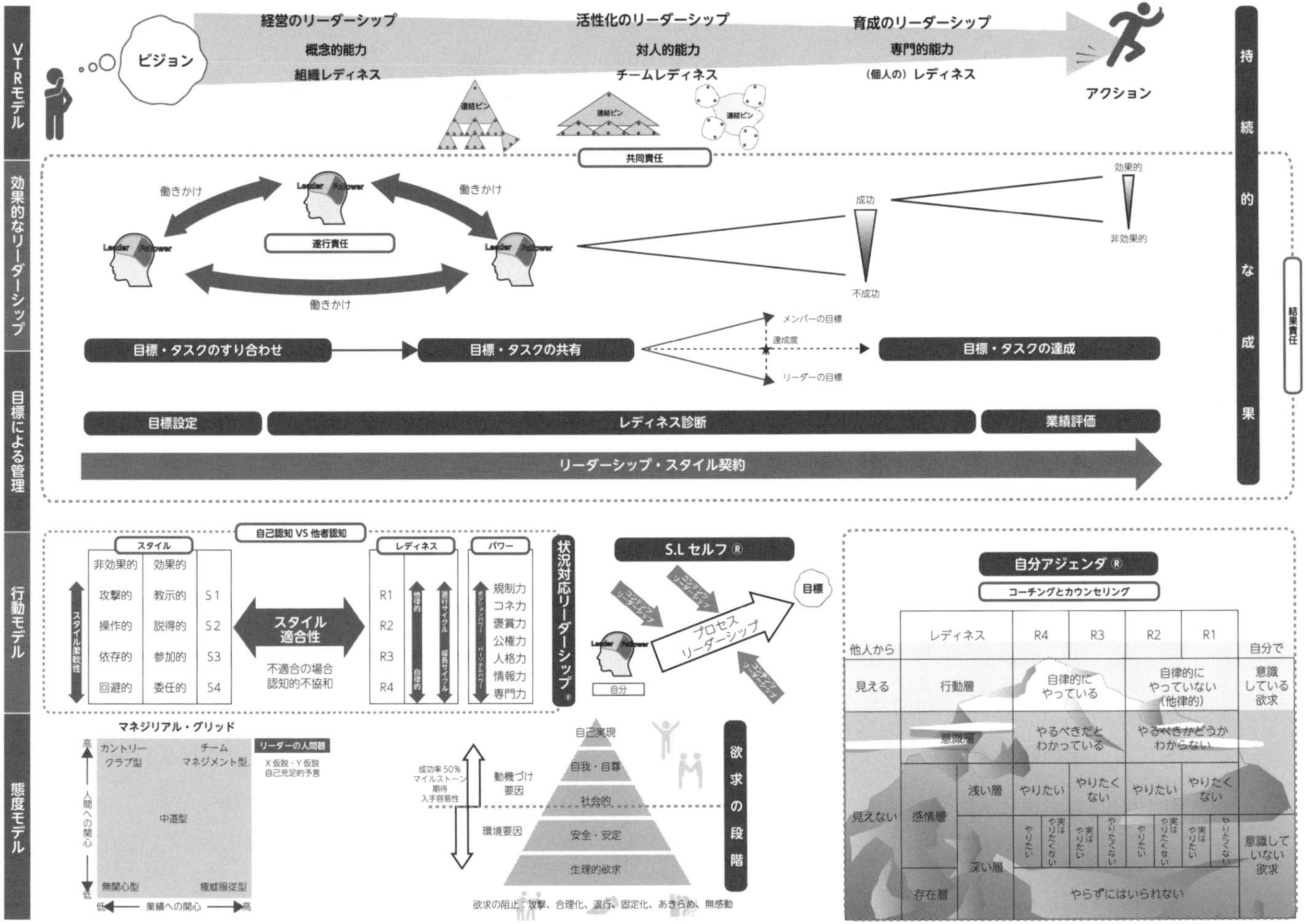
VTRモデル
効果的なリーダーシップ
目標による管理
行動モデル
態度モデル
ビジョン
経営のリーダーシップ
概念的能力
組織レディネス
活性化のリーダーシップ
対人的能力
チームレディネス
育成のリーダーシップ
専門的能力
（個人の）レディネス
アクション
連結ピン
連結ピン
連結ピン
共同責任
働きかけ
働きかけ
働きかけ
遂行責任
Leader
Follower
成功
不成功
効果的
非効果的
メンバーの目標
達成度
リーダーの目標
目標・タスクのすり合わせ
目標・タスクの共有
目標・タスクの達成
目標設定
レディネス診断
業績評価
リーダーシップ・スタイル契約
持続的な成果
結果責任
自己認知 VS 他者認知
スタイル
非効果的
効果的
攻撃的
教示的
S1
操作的
説得的
S2
依存的
参加的
S3
回避的
委任的
S4
スタイル柔軟性
スタイル適合性
不適合の場合
認知的不協和
レディネス
R1
R2
R3
R4
他律的
自律的
退行サイクル
成長サイクル
パワー
規制力
コネ力
褒賞力
公権力
人格力
情報力
専門力
ポジションパワー
パーソナルパワー
状況対応リーダーシップ®
S.L セルフ®
目標
プロセスリーダーシップ
自分
自分アジェンダ®
コーチングとカウンセリング
他人から
見える
見えない
レディネス
R4
R3
R2
R1
自分で
行動層
自律的にやっている
自律的にやっていない（他律的）
意識している欲求
意識層
やるべきだとわかっている
やるべきかどうかわからない
感情層
浅い層
やりたい
やりたくない
やりたい
やりたくない
深い層
やりたい
実はやりたくない
実はやりたい
やりたくない
やりたい
実はやりたくない
実はやりたい
やりたくない
存在層
やらずにはいられない
意識していない欲求
マネジリアル・グリッド
高
カントリークラブ型
チームマネジメント型
中道型
無関心型
権威服従型
人間への関心
低
業績への関心
リーダーの人間観
X仮説・Y仮説
自己充足的予言
成功率50%
マイルストーン
期待
入手容易性
動機づけ要因
環境要因
自己実現
自我・自尊
社会的
安全・安定
生理的欲求
欲求の段階
欲求の阻止：攻撃、合理化、退行、固定化、あきらめ、無感動

まとめ

今、やるべきことを整理する

「自分」も「他人」も
動かすために

本書に綴られたストーリーは、著者チームのメンバーがそれぞれ実際に体験したり、身近で見ることができたリーダーシップです。

行動科学や状況対応リーダーシップ®を知らないメンバーも、学習し始めたばかりのメンバーも、よく知っているメンバーもいますが、どのストーリーも行動科学や状況対応リーダーシップ®で見直してみると、「だからこうだったのね」「自分のやったことは間違ってなかった」「相手はこんなふうに感じていたのかもしれない」「こうすればよかったのに」など、感じることはたくさんあります。

これから紹介するリーダーシップ地図やリーダーシップ共通言語を使った分析は「これしかない」ということでも正解でもありません。より広く、また深く診断し、分析することもできると思います。

重要なことは「行動」して「成功」させ「効果的」にすることなのです。まずは現在の力を最大限使って診断し行動する、失敗したらもう一度診断して行動する。それを繰り返すことで、未来への光が見えてくる、そんな体験をしていただくことを期待しています。

*　　　　*　　　　*

診断する主な項目

- リーダー、フォロアーはだれか？
- 目標・タスクのすりあわせ、
  役割期待・期待基準はどうか？
- スタイル、レディネス、
  パワーの適合はどうか？
- リーダーの人間観はどうか？
- フォロアーの欲求はどうか？
- 自分アジェンダ® はどうか？

1. 部下を「ロボット扱い」する困った女性上司

項目	診断
リーダーとフォロアー	リーダー：山口部長、フォロアー：佐々木由美
目標・タスクのすりあわせ 役割期待・期待基準	目標は共有されていない。 由美は山口部長から一方的に「スタッフの監督を厳しくすること」をタスクとして与えられた。
レディネス、スタイル、パワー	上記タスクに対する由美はR1 しかし、由美自身が掲げたタスクに対しては部下とうまく行っているので高レディネス。 山口部長のスタイルはS1、規制力を使っている。目標やタスクのすり合わせができていないので、スタイルの不適合がある。 非効果的に作用するS1 であり、攻撃的な障害的言動。
リーダーの人間観	X 仮説、権威服従型 山口部長は、一方的に高圧的に指示する。
フォロアーの欲求	もともとは自己実現の欲求があった。 「辞めてもいいのよ」により安全・安定の欲求に危機感を感じた。欲求が阻止され、諦め・無感動につながった。
自分アジェンダ®	山口部長は、仕事を「やるべき（意識層)」という合理的な判断に基いて行動している。しかし、一方的なやり方で「やっている（行動層)」ため、非効果的になっている。 由美は、当初「やりたい（感情層)」意欲をもって「やっていた（行動層)」。しかし、クビになりたくないという合理的判断（意識層）から、言われたことだけをやるという他律的な行動（行動層）に変化した。 もし、山口部長が由美や部下たちとともに仕事を「やるべき（意識層)」ととらえていたらどうか。

【考えるための質問】

- 上司のスタイルがあなたにあっていないと感じたときを思い出してください。上司があなたに期待しているタスクと、あなたが期待されていると感じているタスクをあげてください。同じですか？
- 退行サイクルに陥ってしまった場合を思い出してください。不満の原因となっていることをリストアップしてください。

2. 民主的リーダーは度を過ぎればあだとなる

項目	診断
リーダーとフォロアー	リーダー：谷中 フォロアー：40 キロ夜間行進チーム
目標・タスクのすりあわせ役割期待・期待基準	「みんなでゴールしよう」という目標を共有。しかし、その目標のために期待されている役割や期待基準はあいまい。個々のメンバーのタスクもチームのタスクも不明瞭。
レディネス、スタイル、パワー	チームは他律的な R2（ゴールはしたい）。谷中のスタイルは S3 か S4。民主的にしようと思っていたが依存的・回避的な障害的言動になってしまっている。
リーダーの人間観	Y 仮説、カントリークラブ型
フォロアーの欲求	社会的レベル、他律的
自分アジェンダ®	上司の指示で研修に参加した谷中は、「指示に従う」や「断る理由もない」という判断（意識層）でリーダー役を引き受けた。しかし、リーダーの役割を理解した上でやっているわけではないので失敗してしまった（行動層、低レディネス）。 もし、谷中が研修の意味や意義を理解し、研修の効果を出すために「やりたい（感情層）」と自主的に参加していたらどうか。

【考えるための質問】

- あなたのチームが今かかえているチャレンジングな目標を思い浮かべてください。目標達成に必要なタスクや役割、能力と意欲は何だと思いますか？　チーム全体および個々のメンバーについて考えてください。
- チーム全体のレディネスはなんですか？　個々のメンバーのレディネスはなんですか？

3. 情緒不安定な部下をもてあます男性課長

項目	診断
リーダーとフォロアー	リーダー：鈴木課長、 フォロアー：木村、営業1課チーム
目標・タスクのすりあわせ 役割期待・期待基準	目標は売上達成。 役割期待は一人前に営業することで、売上という明確な期待基準がある。タスクは一人前に営業すること。
レディネス、スタイル、パワー	木村はOJTを終えたばかりで、まだ他律的なレディネスであり、一人では営業に出られない。しかし、鈴木課長のスタイルは声掛け程度のS3かS4。非効果的に作用すると、依存的・回避的な障害的言動になる。 営業1課チームはもともと高レディネスだが、木村に気を使うことでチームレディネスが下がり、低レディネスに退行してしまった。
リーダーの人間観	Y仮説、カントリークラブ型
フォロアーの欲求	木村：社会的レベル⇒安全・安定レベル 営業第1課チーム：自己実現レベル⇒社会的レベル
自分アジェンダ®	鈴木課長は、上司の役割の範囲で「やるべき（意識層）」ことをしようとしている。しかし、リーダーとしては「やっていない（行動層、低レディネス）」状態になっている。 木村は、当初は「やりたい（感情層）」意欲も「やるべき（意識層）」という責任感もあったかもしれない。しかし、十分な能力を養うことができず「やっていない（行動層、低レディネス）」に陥ってしまった。 もし鈴木課長がチームの一員として木村とともに「やりたい（感情層）」と思っていたら、リーダーシップはどのように変わるか。

【考えるための質問】

- タスクを進めなければいけないのに気持ちが落ち込んだ場合、どんな言動が役立ちましたか？
- 気持ちのいいS1の例を考えてみてください。あなたがS1であったときに、それを理解し、ともに行動してくれそうなフォロアーはいますか？

4. 「ハートセンター」開設に医師の意見を重んじる院長

項目	診断
リーダーとフォロアー	リーダー：陽子 フォロアー：師長、院長・医師たち
目標・タスクのすりあわせ 役割期待・期待基準	目標は「協働の質の高い看護部門開設チームを作ること」。協働関係マップや役割の再規定シートなどで明確にしようとしている。
レディネス、スタイル、パワー	異動が決まった当初は、師長は高レディネス、しかし、「私も先生たちから歓迎されていないのかもしれません……」といった時点の師長は低レディネスに退行した。 院長・医師たちは、「二人の看護師を異動すること」に対して低レディネス。 陽子は相談、お願いというパーソナルパワーを使おうとしている。
リーダーの人間観	Y 仮説、チームマネジメント型
フォロアーの欲求	師長：「意気込んでいた」⇒自己実現 医師たち：言いたいことをはっきり言う看護師たちは、環境要因（不満の原因）？
自分アジェンダ®	陽子はあきらめずに事態を打開したいと考えており、そのエネルギーは「やりたい（感情層）」レベル、あるいはより深いレベル（使命感などの存在層）から湧き出ているように見える。その気持ちが伝わったのか、師長も自分の気持ちを陽子に伝え、二人の協働は強まり、次のステップに向かった（「やっている（行動層、高レディネス）」）。

【考えるための質問】

- 協働関係マップや役割の再規定シートのようなタスクを明確にするツールとして、あなたはどのようなものを使っていますか？　もっとも多く使っているものをあげてください。
- ７つのパワーのうち、周囲からもっとも感じられていると思うあなたのパワーはなんですか（自己診断）？　周囲の人々にも、あなたに感じているパワーを尋ねてみてください（他人診断）。自己診断と他人診断にギャップはありますか？

5. 上司の無謀な決定を上手に軌道修正した部下

項目	診断
リーダーとフォロアー	リーダー：森 フォロアー：工場長
目標・タスクのすりあわせ 役割期待・期待基準	大型受注プロジェクトを成功させること。そのために安価で性能の良い海外製品を購入することを、工場長に説明することで、目標を共有し、タスクも明確になった。
レディネス、スタイル、パワー	説得前の工場長は、大型受注プロジェクトについても海外製品についても知識もないし、必要性もわからなかった（低レディネス）。森の詳しい説明（S1）や、技師長の推薦や同行した内藤部長によって、承認するという高レディネスに至った。
リーダーの人間観	Y 仮説、自己充足的予言、チームマネジメント型
フォロアーの欲求	リーダーの必要性に気づいていなかったので、受注成功という期待が動機づけになる。
自分アジェンダ®	森は、プロジェクトが自分を外して決められたことで意欲を失っている。そのまま企業の一技術者としては命令系統におさまっているだけでもだれからもとがめられないが、チーム全体の成功のために行動している。 仕事だから「やるべき（意識層）」であるが、「やりたい・やりたくない（感情層）」を超えて、「やらずにはいられない（存在層）」という使命感からやっている（行動層、高レディネス）。

【考えるための質問】

- あなたが周囲の人々から助けてもらえるパワーには、どのようなものがありますか？
- 困難で不可能に感じられたことで、いろいろな人々の助けを借りて達成できたことはありますか？　どのようなスタイルやパワーが役立ちましたか？

6. 「将来は米国で外交官に」——国際親善活動から学ぶ日々

項目	診断
リーダーとフォロアー	プロセスリーダー＆フォロアー：スティーブン コンテンツリーダー：バーンズ校長、サンディエゴや横浜の関係者たち
目標・タスクのすりあわせ 役割期待・期待基準	プロセスリーダー（自分）が決めた目標、フォロアーはスティーブン（自分自身）というS.L. セルフ®。自分で決めた目標なので目標共有度も高い。 コンテンツリーダーたち（バーンズ校長、サンディエゴや横浜の関係者たち）と多くを語り合うことで目標共有度も高い。
レディネス、スタイル、パワー	意欲的・積極的だが、まだ能力が不十分（R2）。 必要なリーダーシップは高指示・高協労なS2。多くの指示的行動や協労的行動をコンテンツリーダーから得る必要がある。
リーダーの人間観	Y仮説、自己充足的予言、チームマネジメント型
フォロアーの欲求	自己実現、強い達成意欲、成功率50%などが動機づけの要因となる。
自分アジェンダ®	何のために「横浜市とサンディエゴをつなぐ」のか？ 何のために民間外交に取り組んでいるのか？　米国の有名大学を卒業したスティーブンには就職先の選択肢は多い。 このエネルギーは、合理的判断の「やるべき（意識層）」からではなく、また「やりたい・やりたくない（感情層）」という気持ちだけでもなく、「やらずにはいられない（存在層）」使命感が感じられる。 まだ、最終的な結果は見えていないが、小さな成功を重ねることが「やっている（行動層、高レディネス）」につながる。

【考えるための質問】

- あなたがS.L. セルフを使うとしたら、目標はなんですか？
- その目標達成について、どのようなコンテンツ・リーダーシップが考えられますか？

7. 「貧困でも学びを」が校長の思い。初のバイリンガル小学校

項目	診断
リーダーとフォロアー	リーダー：バーンズ校長 フォロアー：地元コミュニティ・各種団体、中国、台湾の学校など
目標・タスクのすりあわせ 役割期待・期待基準	地道な説得活動により、徐々に目標を共有していった。フォロアーにやって欲しい支援（タスク）は明確であり、的を絞った活動により、人的支援・金銭的支援を得ることができた。
レディネス、スタイル、パワー	地元コミュニティや各種団体のレディネスは当初、低レディネス。それに対して具体的なメリットを伝える積極的な説得（S2）を行った。 結果として、ブランド力という褒賞力のパワーを感じられていた。また予期せぬ結果として、平均以上の成績という褒賞力も感じられた。
リーダーの人間観	Y 仮説、チームマネジメント型
フォロアーの欲求	小学校に対する諦め⇒ブランド化への期待（自我自尊、自己実現）
自分アジェンダ®	ベテランでやり手のバーンズ校長、あえて貧困環境の小学校の立て直しとブランド化に力を尽くし、次のプロジェクトにも意欲的である。 「何のために？」 自分個人の利益や名誉のため？　コミュニティのため？　米国やアジアの教育のため？　やるべきだからやっているのか、やりたいからやっているのか、やらずにはいられないからやっているのか。

【考えるための質問】

- 足しげく通い、自分が心から思っている信念を伝え続けることで、支援や協力が得られるようなことはありますか？
- 支援・協力を得たい相手のレディネスは、どんなことで変わっていくと思いますか？

8. 上場プロジェクトに部署を超えて選ばれた3人

項目	診断
リーダーとフォロアー	リーダー：吉田室長 フォロアー：沢口課長と野村の上場プロジェクトチーム
目標・タスクのすりあわせ 役割期待・期待基準	徹底的にファイルボックスに入れるというたった一つの指示により、目標も共有されており、役割もタスクも明確。
レディネス、スタイル、パワー	個々のレディネスはR4だが、チームレディネスは低レディネス。ファイルボックス活用後、チームレディネスも高まった。
リーダーの人間観	Y仮説。リーダーは直接的なリーダーシップをとっていないようであるが、このチームで上場を成功させようという気持ちが強いことから、人間への関心も業績への関心も高い。
フォロアーの欲求	専門力が高いメンバーは自己実現欲求も達成意欲も高く、チャレンジングな目標に意欲的。
自分アジェンダ®	一旦は頓挫した上場プロジェクト。社長の怒鳴り声とともに再スタートしたチームのリーダーに指名された吉田室長。自分の能力に疑いを持つメンバーもいる。できれば「やりたくない（感情層）」。 それでもこの仕事を成功させるために知恵を絞ったエネルギーは、「やらずにはいられない（存在層）」使命感からであり、実際に上場できた（「やっている（行動層、高レディネス）」。

【考えるための質問】

- 責任者があいまい、タスクや役割があいまい、といったチーム活動の経験はありますか？　あるとすれば、どのような不満を持ちましたか？
- そのチーム活動は改善されましたか？　どのように改善されましたか？　どのようにやりやすくなりましたか？

9. 4代目は息子か、娘かで揺れ動く老舗和菓子店社長

項目	診断
リーダーとフォロアー	リーダー：３代目社長 フォロアー：従業員たち、組織
目標・タスクのすりあわせ 役割期待・期待基準	老舗の伝統を守り、老舗の価値をつないでいく、長男を４代目社長にする、という目標は共有されていない。
レディネス、スタイル、パワー	日常業務は高レディネスだが、社長の目標に対しては低レディネス。
リーダーの人間観	Ｙ仮説、カントリークラブ型
フォロアーの欲求	目標を共有していないので、この目標に対する動機はない。「長男が４代目社長になるとなにがいいのか」という動機づけが必要。
自分アジェンダ®	３代目社長には、老舗の伝統を守るという強い使命感がある。 これは「やりたい・やりたくない（感情層）」レベルよりも深い「やらずにはいられない（存在層）」欲求である。

【考えるための質問】

- 経営者のタスク、上司のタスク、自分のタスク、部下のタスクをひとつずつあげてください。どのようなことに気づきますか？　同じですか？　異なりますか？　関連していますか？　大きさはどうですか？
- 経営者、上司、自分、部下はそれぞれどのようなパワーがあると感じますか？　７つのパワーのうちもっとも強いものを選んでください。そのパワーは相手のレディネスに合っていますか？

10. 「サークルを作る」と宣言し、仲間を募った男子大学生

項目	診断
リーダーとフォロアー	リーダー：斉藤 フォロアー：宇津木、依田、近藤、LP チーム。 のちにそれぞれが巣立ち、それぞれのリーダーになる
目標・タスクのすりあわせ 役割期待・期待基準	「自分の価値」を見出すという目標は共有されてきた。タスクはメンバーが自ら見つけている。
レディネス、スタイル、パワー	自分の価値を見出すというタスクに対して、環境作りのリーダーシップにより、レディネスは高まっていった。
リーダーの人間観	Y 仮説、自己充足的予言、チームマネジメント型
フォロアーの欲求	社会的欲求⇒自己実現欲求、動機づけ要因
自分アジェンダ®	大学のサークル活動とはいえ、なぜこの活動を選んだのか。そこに、「やらずにはいられない（存在層）」の理由が感じられる。 「なぜ？」――その活動にはどのような価値があるのか？　世の中で確立された価値はまだない。斉藤が信じる価値だけがある。 しかし、結果としての宇津木、依田、近藤の活動を見れば､斉藤の行動は「やっている（行動層､高レディネス）」である。

【考えるための質問】

- チームの使命・価値観・存在意義を持続させるために、他にどのような方法が考えられますか？
- 自分の価値や成長を考えるとき、自分のパワーベースにどのようなものがあるかリストアップしてください。そのパワーでだれのどんな支援や協力を得られるのか、どんなモノや情報が手に入るのか、リストアップしてください。
- あなたにとっての自己充足的予言は、どんな言葉ですか？　あなたにとって心地よい言葉を考えてください。

11. 南アフリカで「弱者の経済的自立」を応援する女子大生

項目	診断
リーダーとフォロアー	リーダー：近藤 フォロアー：ファンドレイジング・チーム
目標・タスクのすりあわせ 役割期待・期待基準	寄付金 8000ZAR を集めること。 タスクは近藤がメンバーのキャパシティにあわせて割り当て。
レディネス、スタイル、パワー	チームレディネスは他律的から自律的（R1 から R4）に成長。
リーダーの人間観	Y 仮説、チームマネジメント型
フォロアーの欲求	なにかをしたいという自我自尊欲求、目標ができ達成して自分を高めようという自己実現欲求が芽生えてきた。
自分アジェンダ®	リーダーシップを「他人のお得な個性」としてとらえ、自分のものだと考えていなかった近藤だが、いざ南アフリカの女性たちを目の前にして、強力なリーダーシップをとることになった。 この行動は頭で考えたもの（意識層）や好き嫌い（感情層）ではなく、「やらずにはいられない（存在層）」から湧き出てきたエネルギーである。 そのエネルギーは目標の 1 コミュニティ設立の 3 倍、3 つのコミュニティ立ち上げを果たした（「やっている（行動層、高レディネス）」）。

【考えるための質問】

- メンバー 1 人ひとりのレディネスとチームレディネスが異なる場合を思い浮かべてください。それぞれのメンバーのタスク、チーム全体のタスクはなんですか？
- メンバー 1 人ひとりの成長、およびチーム全体の成長を考えるとき、リーダーとして、どのようなことがむずかしいですか？

12. 1人の思いつきが400人規模のシンポジウム開催へ

項目	診断
リーダーとフォロアー	リーダー：松木 フォロアー⇒リーダー：中心メンバーチーム いったんはリーダー・フォロアーという一方向的なリーダーシップで始まったが、進めていくうちに全員がS.L. セルフ®を実行するようになり、自発的にそれぞれがプロセス・リーダーシップとコンテンツ・リーダーシップを担うようになった。
目標・タスクのすりあわせ 役割期待・期待基準	3 日間連続の参加者を 200 人以上。 目標（コンセプト）や期待基準は、全員で話し合うプロセスで、お互いに納得しながら決まっていった。 役割期待・タスクはメンバーがそれぞれ自ら求めて遂行した。
レディネス、スタイル、パワー	目標や重要コンセプトの話し合いの中で、チームレディネスは R1 から R4 に成長。 収支問題が浮上したとき、チームレディネスは R4 だったが、リーダー松木が「3 日間連日でなくても参加を認めよう」というリーダーひとりが考えたことを打ち出した (S2)。
リーダーの人間観	Y 仮説、自己充足的予言、チームマネジメント型
フォロアーの欲求	リーダーシップ世界大会という自分たちが起点となる新しいことをしたい、実現させようという自己実現欲求が高い。
自分アジェンダ®	日本でも有数の大企業に勤め、無事に定年を迎えようという松木。あえて苦労しなくてもなにも困らないのに、自ら苦難のプロジェクトを立ち上げた。 「なぜ、松木はそんなことやっているの？」 やるべきだからやっているの（意識層）？ やりたいからやっているの（感情層）？ やらずにはいられないからやっているの（存在層）？ やりながらでしか、なぜかわからない。 中心メンバーの真剣さ、引き寄せられるメンバーたちの意欲、大会後の参加者たちの喜びの笑顔、そこから松木は自分がなぜやったのか感じている。

【考えるための質問】

- 目標の共有度を高めるために、あなたはどのようなことをしますか？
- 思わぬところから支援したい、参加したいなどと言われた経験はありますか？　なぜそんなことが起こったと思いますか？

参　考　文　献

ハーシィ、ジョンソン、ブランチャード著、山本成二・山本あづさ共訳、**「新版入門から応用へ　行動科学の展開」**生産性出版（2000）

ハーシィ著、・山本あづさ抄訳、山本成二監修、**「目標による管理（MBO）と状況対応リーダーシップ®」**株式会社シーエルエス（2000）

株式会社シーエルエス編著、山本成二監修、**「行動科学入門」**生産性出版（2005）

網あづさ著、**「自分アジェンダ®を引き出すコーチング」**解説スライド、リーダーシップ研究大学（2011）

網あづさ著、研究ノート**「『だれもがリーダー』」を支える意識、自分アジェンダ®によるリーダーシップ」**リーダーシップ研究大学（2014）

ケネス・H. ブランチャード、ポール・ハーシー著
山本成二、水野基、成田攻共訳**「入門から応用へ　行動科学の展開――人的資本の活用」**生産性出版（1978）

The Center for Leadership Studies, "Situational Leadership® : Research-Based Positioning Compared to Position-Based Research", Leadership Studies, Inc. (2013)

索　引

リーダーシップ研究大学とは？

リーダーシップ研究大学では、さまざまな活動を行っています。

【行動科学や状況対応リーダーシップ® に初めて触れる方】
「13番目のリーダーシップストーリーへの旅」講座 他。

【リーダーシップの分野をより深く学習し、学位取得をめざす方】
どんな活動にも「こうしよう」という目標があります。目標があればそこにはリーダーシップがあります。経営、経済、心理、文学、数学、工学、物理、化学、どんな分野でも活動があれば、リーダーシップ研究の分野です。リーダーシップの視点で、ご自身の専門分野をあらためて研究し、専門性をより深めることができます。

- **リーダーシップ研究大学　修士課程および博士課程**
- **行動科学アカデミー講座（短大卒、専門学校、大学中途退学者のための大学院入学準備講座）**

リーダーシップ研究大学（University of Leadership Studies：ULS）は米国カリフォルニア州認定の社会人インターネット大学院です。Master of Leadership Studies（リーダーシップ研究修士）、Doctorate of Leadership Studies（リーダーシップ研究博士）の学位を取得できます。

【進化する教科書チームにご関心のある方】
下記「プロジェクト内容」頁をご覧ください。
http://goo.gl/edXJqr

【文献で学習したい方】
行動科学や状況対応リーダーシップ® に関するテキストや研究ノートを販売しています（ダウンロード書籍）。本書で紹介の諸理論についてより詳しく学習したいという場合は、下記サイトから「学習ノート『入門から応用へ　行動科学の展開』を理解する」シリーズ（全5冊）をご参照ください。
アマゾン：http://goo.gl/yEV21R
グーグル：https://goo.gl/K3c0FX
DLマーケット：http://goo.gl/PJ3Azr

リーダーシップ研究大学
ホームページ：www.e-uls.org
メール：admin@e-uls.org
電話：050-5806-3523

進化する教科書チームメンバー

（敬称略）

リーダー：網あづさ

サブリーダー：渡部誠

リーダーシップストーリー編集：山縣いつ子

リーダーシップストーリー提供：

1 部下を「ロボット扱い」する困った女性上司　渡部誠
2 民主的リーダーは度を過ぎればあだとなる　桃井庸介
3 情緒不安定な部下をもてあます男性課長　藤原徳子
4「ハートセンター」開設に医師の意見を重んじる院長　村島さい子
5 上司の無謀な決定を上手に軌道修正した部下　橋本壽之
6「将来は米国で外交官に」――国際親善活動から学ぶ日々　フレデリック・ヒューエット
7「貧困でも学びを」が校長の思い。初のバイリンガル小学校　フレデリック・ヒューエット
8 上場プロジェクトに部署を超えて選ばれた３人　桃井庸介
9 ４代目は息子か、娘かで揺れ動く老舗和菓子店社長　藤原徳子
10「サークルを作る」と宣言し、仲間を募った男子大学生　中山雅一、西辻耕平、海江田勝弘
11 南アフリカで「弱者の経済的自立を」応援する女子大生　小川優
12 一人の思いつきが400人規模のシンポジウム開催へ　渡部誠

コラム提供：

桃井庸介、小林三輝也、橋本壽之

アドバイザーチーム：渡部誠、藤原徳子、石井和加子

協力：河村友紀、千葉裕子、山脇朋子、ゆかり・ファウラー

トータル編集＆作図：米田智子、村上直子

【著者紹介】

網あづさ（あみ あづさ）

1988年、ハーシィ博士が創立した通信制大学院にて応用行動科学修士を取得。1998年、慶應義塾大学大学院に入学、リーダーシップを中心とする組織行動を専攻。2001年、慶応義塾大学大学院経営管理研究科修了、経営学博士。2006年カリフォルニア州認定のインターネット大学院を夫と共同設立。2013年、企業だけではなく人間に焦点をあてるリーダーシップの教科書を作ることをめざし、「進化する教科書＜リーダーシップ＞を創ろう！」プロジェクトを立ち上げる。リーダーシップ研究大学主任教授、CLS Japan代表。著書に『新版 入門から応用へ 行動科学の展開』『行動科学入門』（生産性出版）など。

【編集担当】

山縣いつ子（やまがた いつこ）

Office Itself 代表。コーチ・ファシリテーター。中央大学卒業。出版社、シンクタンク勤務を経て独立。2011年にコーチ仲間と立ち上げた「リーダーシップ世界大会」にてプロジェクトマネジャーを担当。現在､組織のリーダーが集まる「がんばるリーダーの対話会」を主宰。CPCC（米国CTI認定プロフェッショナルコーアクティブコーチ）／CTIジャパン・リーダーシッププログラム修了／産業カウンセラー、リーダーシップ研究大学「実践と創造のリーダーシップ研究会」研究員。

【ストーリー＆コラム担当：（ストーリー順）】

渡部誠（わたべ まこと）

株式会社サウンド・オブ・リーダーシップ 代表取締役。早稲田大学理工学部卒業。日本アイ・ビー・エム株式会社にて、39年間に渡り現場からスタッフまでの職種を経験し、専務取締役補佐を経験する。2011年には、米国CTI社が提供するリーダーシッププログラムを学んだ仲間と一緒に「リーダーシップ世界大会」を主催。CPCC（米国CTI認定プロフェッショナルコーアクティブコーチ）、NLPマスタープラクティショナー、AIプラクティショナー、状況対応リーダーシップ® 認定トレーナー、リーダーシップ研究大学修士課程在学中。

桃井庸介（ももい つねゆき）

状況対応リーダーシップ® 専属トレーナー。早稲田大学理工学部卒業、早稲田大学ビジネススクール修了。情報処理サービス会社にてシステム開発、人材育成、マーケティングに従事。取締役企画室長として東証２部上場プロジェクトを統括。シニアアクション・ラーニング・コーチトレーナー、ワークデザインインストラクター、ICCコーポレート・コーチ、ボブパイク・プロフェッショナルトレーナー。アンガーマネジメント・コンサルタント。リーダーシップ研究大学修士課程在学中。

藤原徳子（ふじわら のりこ）

株式会社ビジネスファーム 代表取締役。大学卒業後、ホテルで輸入商品の販売促進を担当。その後、８年間にわたり学習塾を経営。現在、販売や経営の豊富な経験を活かし経営コンサルタントとして活動中。専門は、組織行動およびメンタルヘルス（睡眠学、心理学）。人事院式監督者研修指導員、ISO9000S主任審査員補、日本商工会議所登録講師、上級睡眠健康指導士、状況対応リーダーシップ® 認定トレーナー。行動科学アカデミー修了、リーダーシップ研究大学修士課程在学中。

村島さい子（むらしま さいこ）

創価大学看護学部教授。産能大学経営情報学修士。北関東循環器病院看護部長、湘南鎌倉総合病院看護部長を経て、福岡県立大学看護学部、創価大学看護学部などの看護教育に携わる。キャリアカウンセラーの資格も持つ。「実践につながるリーダーシップを求めて――状況対応リーダーシップ®と看護管理――」「私たちの行っているリーダーシップ勉強会――自律を求めて――」など論文多数。状況対応リーダーシップ®認定トレーナー、リーダーシップ研究大学博士課程在学中。

橋本壽之（はしもと ひさゆき）

リーダーシップ研究大学教授、NPO法人マイスターネット理事長　慶應義塾大学大学院工学研究科修士課程修了（工学修士）、リーダーシップ研究大学博士課程修了（リーダーシップ研究博士〈Doctorate of Leadership Studies〉）。株式会社日立製作所、日立通信システム株式会社（現株式会社日立情報通信エンジニアリング）を経て、NPO法人を立ち上げ、主にシニアの活動領域を広げる活動を行っている。リーダーシップと変革、創造、倫理をテーマにした論文多数。

フレデリック・ヒューエット

サンディエゴ横浜姉妹都市友好交流会委員、サンディエゴ日本友好庭園プログラムコーディネーター、リーダーシップ研究大学コンプライアンス・オフィサーおよびマーケティング担当。米国カリフォルニア州立大学アーバイン校（UCI）卒業（国際政治専攻）。2014年、駐日アメリカ大使館管轄のトモダチ公益財団外部交渉部アシスタント（インターンシップ）を経験。民間外交の一環として、コミュニティにおける教育活動の実践と拡大を目指している。リーダーシップ研究大学修士課程在学中。

中山雅一（なかやま まさかず）

大学在学中（法学部）。リーダーシップ・プラットフォーム代表。2014年秋から半年間、バングラデシュでIT企業のインターンとして勤務。バングラデシュでグラミン銀行創設者ムハマド･ユヌス博士と出会う。リーダーシップ研究大学「実践と創造のリーダーシップ研究会」研究員。

小川優（おがわ ゆう）

大学在学中（法学部）。Empower All for Peace代表、G(irls)20 Summit 2015 Turkey日本代表。2014年夏から半年間、南アフリカで貧困に苦しむ女性たちのためのファンドレイジング（募金）活動を行う。2015年、G(irls)20 Summit 2015日本代表として国際会議（トルコ）に参加。大学院進学予定。リーダーシップ研究大学「実践と創造のリーダーシップ研究会」研究員。

小林三輝也（こばやし みきや）

大手情報電気メーカーにて製品開発、事業企画、人材育成などに従事。SHIEN学会会員。東京工業大学工学部卒。エンジニアの視点でマネジメントとリーダーシップを研究し、ニッポンを元気にするための「小林三輝也ブログ」を積極的に執筆中。リーダーシップ研究大学「実践と創造のリーダーシップ研究会」研究員。

12のリーダーシップストーリー
――課題は状況対応リーダーシップ® で乗り切れ――

2016年1月30日　初版　第1刷

著　者　網あづさ
発行者　篠原信行
発行所　生産性出版
〒150-8307　東京都渋谷区渋谷3-1-1
日本生産性本部
電　話　03(3409)1132(編集)
03(3409)1133(営業)

印刷・製本　サン印刷通信
カバーデザイン　田中英孝
本文デザイン　サン印刷通信

ISBN　978-4-8201-2046-9